TONGCHOU GAOZHILIANG FAZHAN HE GAOSHUIPING ANQUAN DUBEN

统筹高质量发展和高水平安全

读本

《统筹高质量发展和高水平安全读本》编写组

4·15 全民国家安全教育

人民出版社

本书编写人员

（以下按姓氏笔画为序）

王京涛　刘　宁　阴和俊　吴偕林　张韵声
陈　炜　林　武　金壮龙　郑栅洁　赵　磊
赵英民　郝　鹏　袁古洁　郭婷婷　董保同
曾益新

前　言

习近平总书记反复强调，安全是发展的前提，发展是安全的保障。系统阐述发展与安全辩证关系，坚持经济社会发展与国家安全一起谋划，是习近平新时代中国特色社会主义思想在国家安全方面的重大原创性理论成果，是总体国家安全观的核心要义之一。习近平总书记在2020年中央政治局第二十六次集体学习时强调，“坚持统筹发展和安全，坚持发展和安全并重，实现高质量发展和高水平安全的良性互动”；2023年中央经济工作会议将“必须坚持高质量发展和高水平安全良性互动”作为新时代做好经济工作的规律性认识予以深入阐述，这是不断深化对总体国家安全观理论认识、推进国家安全实践创新取得的重要成果。党的二十大将“统筹发展和安全”写入修改后的党章，凸显了全党上下对这一重大战略思想的理论价值和实践价值的充分肯定。

为推动学习贯彻习近平总书记关于统筹发展和安全的重要论述走深走实，提高各级领导干部统筹发展和安全能力，在第九个全民国家安全教育日到来之际，中央有关部门组织编写了《统筹高质量发展和高水平安全读本》。全书分为上下两篇：上篇是领域实践篇，由中央和国家机关有关部门负责同志撰写；下篇是地方实践篇，由部分省

（区、市）党委负责同志撰写。全书编写力求权威准确、贴近实际，既重视理论性，又突出实践性，为学习贯彻总体国家安全观尤其是习近平总书记关于统筹发展和安全的重要论述提供重要辅助。

《统筹高质量发展和高水平安全读本》编写组

2024 年 4 月

目 录

contents

上 篇

★ 统筹发展和安全的领域实践 ★

下　篇

★ 统筹发展和安全的地方实践 ★

上　篇

统筹发展和安全的领域实践

坚持高质量发展和高水平安全良性互动 进一步增强发展的安全性稳定性

国家发展改革委党组书记、主任　郑栅洁

党的十八大以来，以习近平同志为核心的党中央高度重视统筹发展和安全，2023 年 12 月召开的中央经济工作会议明确提出“必须坚持高质量发展和高水平安全良性互动”，为我们做好经济工作提供了科学指引。发展和安全是一体之两翼、驱动之双轮。辩证把握发展和安全的关系，对于统筹推进高质量发展和高水平安全，确保社会主义现代化事业顺利推进具有重大意义。新征程上，要更好统筹发展这个第一要务与安全这个头等大事，运用发展成果夯实国家安全的实力基础，塑造有利于经济社会发展的安全环境，不断续写经济快速发展和社会长期稳定“两大奇迹”新篇章。

一、深入领会坚持高质量发展和高水平安全良性互动的重大意义

统筹发展和安全，增强忧患意识，做到居安思危，是我们党治国

理政的一个重大原则。坚持践行高质量发展和高水平安全良性互动，必须深入领会以高质量发展促进高水平安全、以高水平安全保障高质量发展的丰富内涵与重大意义。

（一）坚持高质量发展和高水平安全良性互动，是总体国家安全观的丰富和发展。习近平总书记创造性提出总体国家安全观，为新时代国家安全工作提供了强大思想武器。坚持统筹发展和安全，是总体国家安全观的核心要义之一，也是新时代国家安全的必然要求。近年来，习近平总书记根据国内外安全形势的变化和时代特点，围绕做好国家安全工作发表了一系列重要论述，在 2020 年中央政治局第二十六次集体学习时强调，坚持发展和安全并重，实现高质量发展和高水平安全良性互动，并在 2023 年中央经济工作会议上将其作为新时代做好经济工作的规律性认识予以深入阐述，这是对发展和安全在更高水平上动态平衡的要求，是总体国家安全观在实践中的进一步深化。我们越来越深刻地认识到，安全是发展的前提，发展是安全的保障，必须把安全发展贯穿国家发展各领域和全过程。

（二）坚持高质量发展和高水平安全良性互动，是应对国内外发展环境变化的战略举措。习近平总书记强调，我国发展进入战略机遇和风险挑战并存、不确定难预料因素增多的时期。当前，世界百年未有之大变局加速演进，世界之变、时代之变、历史之变正以前所未有的方式展开，国际力量对比深刻调整，大国博弈更趋激烈，地缘政治冲突加剧，世界经济增长动能趋弱，风险挑战增多，外部环境对我发展的不利影响加大。与此同时，我国发展不平衡不充分的问题依然突出，长期积累的结构性问题和各种风险隐患不断暴露，这些都对统筹发展和安全提出了更高的要求。必须坚持高质量发展和高水平安全良性互动，才能巩固和增强我国经济长期向好态势，才能有效应对各种重大风险挑战，更好保障经济持续平稳健康发展和国家长治久安。

（三）坚持高质量发展和高水平安全良性互动，是全面建设社会主义现代化国家的内在要求。习近平总书记强调，高质量发展是全面建设社会主义现代化国家的首要任务；国家安全是民族复兴的根基，社会稳定的前提。高质量发展是更为安全的发展，高水平安全是适应高质量发展需要的安全。全面建设社会主义现代化国家，必须把坚持高质量发展作为新时代的硬道理，完整、准确、全面贯彻新发展理念，推动经济实现质的有效提升和量的合理增长；必须全面贯彻总体国家安全观，推进国家安全体系和能力现代化，维护国家安全和社会稳定。坚持高质量发展和高水平安全良性互动，把国家安全同经济社会发展一起谋划、一起部署，做到协调一致、齐头并进，才能防范和化解影响我国现代化进程的各种风险，确保中国式现代化顺利推进。

（四）坚持高质量发展和高水平安全良性互动，是构建新发展格局的实践需要。习近平总书记强调，加快构建以国内大循环为主体、国内国际双循环相互促进的新发展格局，是一项关系我国发展全局的重大战略任务，就是要在各种可以预见和难以预见的狂风暴雨、惊涛骇浪中，增强我们的生存力、竞争力、发展力、持续力，确保中华民族伟大复兴进程不被迟滞甚至中断。牢牢守住安全发展这条底线，是构建新发展格局的重要前提和保障，也是畅通国内大循环的题中应有之义。一方面，立足国内、依托国内超大规模市场优势，充分发挥内需潜力，有利于化解外部冲击和外需下降带来的负面影响，也有利于保证我国经济正常运行和社会大局稳定。另一方面，国内大循环绝不是自我封闭、自给自足、放弃分工合作，而是使国内市场和国际市场更好联通，以国内大循环吸引全球资源要素，更好利用国内国际两个市场两种资源。只有在发展和安全两个方面同时发力，推动高质量发展和高水平安全良性互动，才能将构建新发展格局的战略部署落到实处。

二、统筹高质量发展和高水平安全取得积极成效

党的十八大以来，在以习近平同志为核心的党中央坚强领导下，我们坚定不移贯彻落实总体国家安全观，统筹发展和安全，把安全发展理念贯穿到工作的各领域和全过程，经济社会发展取得重大历史性成就，国家安全能力建设显著加强。

（一）克服国内外困难挑战，经济发展迈上新台阶。我们坚持稳中求进工作总基调，完整、准确、全面贯彻新发展理念，构建新发展格局，推动高质量发展，主动积极应对世界经济复苏乏力、国内自然灾害频发等多重挑战，我国经济既保持了量的合理增长，也实现了质的有效提升。我国经济总量从 2012 年的 53.9 万亿元提升到 2023 年的 126.1 万亿元，对世界经济增长的贡献率保持在 30% 左右；人均国内生产总值从 6300 美元增加到 1.27 万美元，赶上并超过全球平均水平；经济结构不断调整优化，内循环主导作用明显增强，传统产业加快转型升级，战略性新兴产业蓬勃发展，未来产业有序布局，新旧动能加快转换，制造业增加值占全球比重约 30%，连续 14 年居世界首位。

（二）强化产购储加销协同保障，粮食安全基础筑牢夯实。我们

落实“以我为主、立足国内、确保产能、适度进口、科技支撑”的国家粮食安全战略，建立健全国家粮食安全政策体系，坚持藏粮于地、藏粮于技，紧紧抓住耕地和种子两个要害，不断提高粮食综合生产能力，我国粮食生产稳步发展，市场供应充足、运行平稳、流通顺畅，安全保障更加有力。全国耕地总量持续下降态势得到初步遏制，牢牢守住18亿亩耕地红线，累计建成高标准农田超10亿亩，粮食总产量连续9年稳定在1.3万亿斤以上。全国耕地灌溉面积超过10亿亩，农业科技进步贡献率、主要农作物良种覆盖率、农作物耕种收综合机械化率分别超过63%、96%、73%。2023年人均粮食占有量达到493公斤，高于国际公认的400公斤粮食安全线。政策性收购托底作用有效发挥，努力保障农民“种粮卖得出”。节粮减损工作扎实推进，反食品浪费监督执法加强。粮食市场监测预警体系更加健全，粮食供应和价格基本稳定。

（三）加快构建现代能源体系，能源安全保障水平稳步提升。我们落实“四个革命、一个合作”能源安全新战略，持续深化能源产供储销体系建设，国家能源安全得到有效保障。煤、油、气、核、可再生能源多轮驱动的能源生产体系基本形成，2023年，我国原油产量2.09亿吨，实现稳产增产；天然气产量2324.3亿立方米，连续7年保持百亿立方米增产势头；原煤产量47.1亿吨，大型煤矿产量占80%以上；发电装机容量29.2亿千瓦，水电、风电和太阳能发电等可再生能源装机规模占比过半。能源国际合作稳步推进，发起成立“一带一路”能源合作伙伴关系，政策沟通更加紧密，设施联通更加顺畅，贸易畅通更加深化，2023年原油、天然气和煤炭进口量分别达到5.6亿吨、1.2亿吨和4.7亿吨。能源消费方式深刻变革，绿色低碳发展成效显著，非化石能源在能源消费中的占比由2012年的9.7%提高到2023年的17.7%，煤炭占比由同期的68.5%降低至55.5%。推进煤炭储备和集疏运体系建设，合理增加石油储备，加快储气库、LNG接收站等储气设施建设和抽水蓄能、调峰气电、新型储能等电力系统调峰能力建设。迎峰度夏、迎峰度冬能源保供有力有效。

（四）大力推动锻长板补短板，产业链供应链韧性持续增强。我们深入实施创新驱动发展战略，着力畅通经济循环，努力稳链强链、补链延链，重点产业和关键领域保持平稳运行。科技创新能力不断增强，科技体制机制改革持续深化，国家实验室体系建设有力推进，国际科技创新中心、区域科技创新中心加快建设，一批重大科技基础设施建成投运，2023年全社会研发经费投入增长8.1%，达到33278亿元，与国内生产总值之比达到2.64%；截至2023年底，我国境内有效发明专利数量达到401.5万件，高价值发明专利占比超过四成，进入创新型国家行列。关键核心技术攻关加快推进，取得一批重大科技创新成果，神舟十七号成功发射，全球首座第四代核电站正式投入商业运行，全球首台16兆瓦海上风电机组并网发电，国产大飞机C919、国产首艘大型邮轮投入商业运营，“祖冲之号”“夸父”量子计算云平台上线。产业转型升级显著加快，高技术制造业投资占制造业投资比重稳步提高，新能源和未来能源、新一代信息技术、生物医药、商业航天和航空等新兴产业加快发展，北斗产业规模稳步增长；传统产业高端化、智能化、绿色化和融合化改造取得新进展；供应链数字化管理和产业链资源共享程度走向深入，到2023年底共培育国家级示范工厂421家、省级数字化车间和智能工厂数量破万。基础设施更加完善，建成世界最大的高速铁路网、高速公路网，机场港口、水利、能源、信息等基础设施建设取得重大成就。

（五）全面推进数字中国建设，数据安全体系逐步建立。我们深刻把握新一轮科技革命和产业变革发展趋势和规律，提升国家关键数据资源保护水平，增强数据安全预警和溯源能力，切实保障国家数据安全。颁布实施《数据安全法》《个人信息保护法》《数据出境安全评估办法》等法律法规，初步搭建起网络安全、数据安全、个人信息保护的基本框架体系，数据跨境管理和个人信息保护有力推进。出台关于构建数据基础制度更好发挥数据要素作用的意见，明确提出建立保障权益、合规使用的数据产权制度，建立合规高效、场内外结合的数据要素流通和交易制度。开展企业数据流通交易、工业数据资产登记等国家标准研究，推动各类产业主体共同开展数据流通规范建设。印发《“数据要素 ×”三年行动计划（2024—2026年）》，推动重点行业和领域数据要素高质量供给、合规高效流通，积极培育新业态、新模式。

（六）积极稳妥防控重点领域风险，坚决遏制风险积聚扩散。我们坚持系统观念、底线思维，把防范化解重大风险摆在突出位置，守住不发生系统性风险的底线。夯实城市主体责任和省级政府监督指导责任，因城施策调整优化房地产市场调控措施，推动保交楼保民生保稳定工作，稳妥处置房企风险，切实维护购房群众合法权益。运用市场化法治化方式，处置一批大型企业集团风险，化解高风险金融机构风险。维护国际收支基本平衡，人民币汇率保持在合理均衡水平上的基本稳定。稳妥处置地方债务风险，制定实施一揽子化债方案，加快化解存量隐性债务，坚决防止新增隐性债务。

（七）维护塑造稳定外部环境，海外利益安全保障加强。我们坚持统筹开放和安全，深入推进高水平对外开放，推动共建“一带一路”高质量发展不断取得新成效。2023年我国货物进出口总额达到41.76万亿元，其中新车出口491万辆、跃居世界首位，电动汽车、锂电池、太阳能电池“新三样”出口增长近30%。进一步优化外商投资环境，加大吸引外商投资力度，推进标志性外资项目落地，2023年实际使用外资金额1632.5亿美元。2023年，我国在“一带一路”共建国家非金融类直接投资2240.9亿元，增长28.4%；与共建国家进出口19.47万亿元，增长2.8%，占外贸进出口比重提高至46.6%。中欧班列通达欧洲25个国家的217个城市，2023年开行1.7万列、运送货物190万标箱，分别增长6%和18%。中老铁路开通运营满2年，累计发送旅客超2420万人次，跨境货物品类由10多种扩展至2700多种。深入实施《企业境外投资管理办法》，建立健全双多边投资合作机制，发挥境外投资项目备案核准制度作用，督促中资企业依法合规开展境外投资，努力确保中资企业在海外发展环境安全稳定。

（八）切实加强社会民生保障，人民生活水平显著提高。我们践行以人民安全为宗旨的要求，不断增进民生福祉，促进社会和谐稳定。全面打赢脱贫攻坚战，9899万农村贫困人口全部脱贫，832个贫困县全部摘帽，12.8万个贫困村全部出列，历史性解决困扰中华民族几千年的绝对贫困问题，巩固脱贫攻坚成果取得积极成效。2013年至2023年城镇新增就业年均约1300万人，2023年全国居民人均可支配收入达3.92万元，增长6.1%；城乡居民收入比从2012年的2.88缩小至2.39；中等收入群体规模超过4亿人。建成世界上规模最大的教育体系、社会保障体系和医疗卫生体系，教育普及水平实现历史性跨越，基本养老保险覆盖10.66亿人，基本医疗保险参保人数达到

13.4 亿人。特别是新冠疫情发生后，始终坚持人民至上、生命至上，因时因势优化调整防控政策措施，高效统筹疫情防控和经济社会发展，取得疫情防控重大决定性胜利，创造了人类文明史上人口大国成功走出疫情大流行的奇迹。

三、推动高质量发展和高水平安全协同共进

下一步，我们要更加紧密地团结在以习近平同志为核心的党中央周围，以习近平新时代中国特色社会主义思想为指导，践行总体国家安全观，认真落实党中央决策部署，深入研究谋划，细化工作举措，以强烈的责任担当抓好推进落实，既以高质量发展促进高水平安全，又以高水平安全保障高质量发展，推动中国式现代化建设不断取得新的成就。

（一）不断巩固和增强经济回升向好态势。聚焦经济建设这一中心工作和高质量发展这一首要任务，把新发展理念贯彻到经济社会发展全过程和各领域，着力解决不平衡不充分的发展问题，推进创新发展、协调发展、绿色发展、开放发展、共享发展，持续激发和释放经济增长内生动力，不断提高发展质量和效益。坚持稳中求进、以进促稳、先立后破，多出台有利于稳预期、稳增长、稳就业的政策，谨慎出台收缩性、抑制性举措。强化宏观政策逆周期和跨周期调节，继续实施积极的财政政策和稳健的货币政策，加强政策工具创新和协调配合。增强宏观政策取向一致性，强化财政、货币、就业、产业、区域、科技、环保等政策协调配合。做好经济形势和政策宣传解读，有

效开展热点问题引导，积极营造良好舆论环境。

（二）进一步加强粮食、能源资源等初级产品保障。大力落实藏粮于地、藏粮于技战略，全面落实耕地保护和粮食安全党政同责要求，进一步压实耕地保护责任，逐步把永久基本农田全部建成高标准农田，深入实施国家黑土地保护工程，充分挖掘盐碱地综合利用潜力，加快推进大中型灌区续建配套与现代化改造；加强农业种质资源保护利用，加快农机农艺、良种良法等科技突破。健全种粮农民收益保障机制和粮食主产区利益补偿机制，调动农民和地方保护耕地、种粮抓粮积极性。深入推进优质粮食工程。健全粮食产购储加销协同保障机制。推进油气勘探开发和增储上产，强化煤电支撑性调节性作用，构建风、光、水、生、核、氢等多元化清洁能源供应体系。加快推进能源消费方式变革，开展重点行业领域能效提升行动，加快工业、建筑、交通等领域电能替代，守好民生用能底线。深入推进与重点能源资源国的互利合作，巩固拓展能源资源贸易合作渠道，提升国际市场影响力和话语权。深入实施新一轮找矿突破战略行动，推进战略性矿产资源产业高质量发展。加快建设大国储备体系，不断增强国家储备实力。

（三）持续提升产业链供应链韧性和安全水平。全面推进高水平科技自立自强，强化国家战略科技力量，强化企业科技创新主体地位，优化配置创新资源，激发科技人员积极性，切实提升国家创新体系整体效能。实施制造业重点产业链高质量发展行动，统筹实施关键核心技术攻关与产业基础再造工程，持续组织重大技术装备攻关工程。巩固优势产业领先地位，推动制造业高端化、智能化、绿色化发展，构建优质高效服务业新体系。壮大战略性新兴产业，加快新能源、人工智能、生物制造、绿色低碳、量子计算等前沿技术研发和应用推广。提升传统基础设施水平，加快新型基础设施建设，构建现代化基础设施体系。大力发展数字经济，提升常态化监管水平。完善数据基础制度体系，建立健全数据产权制度，优化数据流通和交易生态。完善数据分类分级保护制度，落实网络安全等级保护、关键信息基础设施安全保护等制度要求，促进数据安全产业发展，加强个人信息保护。

（四）着力防范化解重点领域风险。压实企业主体责任和城市属地责任，高质量完成保交楼任务。因城施策用足用好政策工具箱，支持城市自主调整优化房地产市场调控措施，实施好差别化住房信贷政策，支持刚性和改善性住房需求。加快推进保障性住房建设、“平急两用”公共基础设施建设、城中村改造。适应房地产市场供求关系变化和新型城镇化发展趋势，加快构建房地产发展新模式。统筹好地方债务风险化解和稳定发展，进一步落实一揽子化债方案，妥善化解存量隐性债务，严防新增债务风险。健全防范化解地方债务风险长效机制，建立同高质量发展相适应的政府债务管理机制，完善全口径地方债务监测监管体系。依法将所有金融活动纳入监管，加强监管协同，健全权责一致的风险处置责任机制，切实提高金融监管有效性。严厉打击非法金融活动，持续推进高风险中小金融机构改革化险。规范金融市场发行和交易行为，防范风险跨区域、跨市场、跨境传递共振，加强外汇市场管理。落实好就业优先政策，确保重点群体就业稳定，促进居民持续增收，缩小收入分配差距，织密织牢社会保障网，健全分层分类的社会救助体系。

（五）主动塑造于我有利的外部安全环境。以落实全球发展倡议、全球安全倡议、全球文明倡议为战略引领，推动构建人类命运共同体。全面运筹各方关系，致力于扩大同各国利益的汇合点，促进大国协调和良性互动，深化同周边国家友好互信和利益融合，加强同发展中国家团结合作。增强国内国际两个市场两种资源联动效应，扩大高水平对外开放，提升贸易投资合作质量和水平，更大力度吸引和利用外资。深入落实支持高质量共建“一带一路”八项行动，完善与重点共建国家务实合作的政策体系，统筹推进共建“一带一路”重大标志性工程和“小而美”项目，持续推进基础设施建设和互联互通合作，构建共建“一带一路”涉外法律服务体系。坚定支持世界多极化和经济全球化，推动建设开放型世界经济，加强宏观经济政策协调，推动贸易和投资自由化便利化，加强国际科技交流合作。全面深入参与世界贸易组织改革，加强与联合国、二十国集团、亚太经合组织、金砖国家、上海合作组织等多边机制合作，推动全球经济治理改革完善。

加快推进高水平科技自立自强为国家发展和安全提供战略支撑

科技部党组书记、部长　阴和俊

习近平总书记2014年创造性提出总体国家安全观，把科技作为国家安全的11个重点领域之一，2022年进一步强调“科技自立自强是国家强盛之基、安全之要”。以习近平同志为核心的党中央始终高度重视科技创新工作，坚持把创新作为引领发展的第一动力，把科技创新摆在国家发展全局的核心位置，把科技自立自强作为国家发展的战略支撑，推动我国科技事业实现历史性、整体性、格局性变化，为国家发展和安全发挥了重要的支撑保障作用。在全面建设社会主义现代化国家的新征程上，我们必须以习近平新时代中国特色社会主义思想为指导，全面落实总体国家安全观，更好统筹国内国际两个大局、发展安全两件大事，加快推进高水平科技自立自强，为高质量发展和高水平安全提供强大科技支撑。

一、深刻认识科技自立自强对国家发展和安全的重大意义

习近平总书记从党和国家发展战略全局和世界大势出发，作出了一系列关于科技自立自强的重要论述，强调实现高水平科技自立自强，是中国式现代化建设的关键，在科技自立自强上取得更大进展，不断提升我国发展的独立性、自主性、安全性，催生更多新技术新产业，开辟经济发展的新领域新赛道，形成国际竞争新优势。科技自立自强是一个民族生存发展的基础，也是一个国家繁荣强盛的重要前提。面对现代化建设的迫切需求和严峻复杂的外部环境，我们必须从战略高度充分认识科技自立自强对国家发展和安全的重大意义。

（一）科技自立自强是贯彻新发展理念、构建新发展格局、推动高质量发展的本质要求

习近平总书记指出，“加快实现高水平科技自立自强，是推动高质量发展的必由之路”。贯彻新发展理念，必须发挥创新第一动力作用，有力支撑协调发展、绿色发展、开放发展、共享发展。构建新发展格局，必须以科技自立自强推动国内大循环，提高供给体系质量和水平，畅通国内国际双循环，保障产业链供应链安全稳定。推动高质量发展，必须以强大科技作支撑，推动质量变革、效率变革、动力变革，发展新质生产力，实现经济质的有效提升和量的合理增长，满足人民对美好生活的向往。只有实现高水平科技自立自强，才能为贯彻

新发展理念、构建新发展格局、推动高质量发展提供新的成长空间、关键着力点和主要支撑体系，促进经济实现创新驱动的内涵型增长，增进民生福祉，保持社会稳定，以中国式现代化全面推进强国建设、民族复兴伟业。

（二）科技自立自强是应对风险挑战、维护国家安全的现实之需

习近平总书记指出，“世界百年未有之大变局加速演进，国际环境错综复杂”，“科技创新成为国际战略博弈的主要战场”。世界进入新的动荡变革期，不稳定性不确定性明显增加，经济全球化遭遇逆流，单边主义、保护主义、霸权主义对世界和平与发展构成威胁。部分美西方国家将科技创新政治化、工具化、武器化，在出口管制、投资审查、单边制裁方面不断采取针对中国的举措，大搞“脱钩断链”“小院高墙”，打压我国高科技产业发展。科技创新对我国来说，不仅是发展问题，更是生存问题。我国科技创新基础还不牢，部分关键领域核心技术仍然受制于人。必须加快实现高水平科技自立自强，解决“卡脖子”问题，把发展的主动权牢牢掌握在自己手中，我国的现代化进程才不会被迟滞甚至被打断。

（三）科技自立自强是抢抓新一轮科技革命和产业变革重大机遇的必然选择

习近平总书记指出，“新科技革命和产业变革将是最难掌控但必须面对的不确定性因素之一，抓住了就是机遇，抓不住就是挑战”。历史经验表明，每一次科技革命和产业变革，都会引发生产力、生产关系的重大调整，深刻改变人类生产生活方式，引发国际产业分

工重大调整，进而改变国家力量对比，重塑世界竞争格局。当前，新一轮科技革命和产业变革加速演进，科研范式发生重大变化，颠覆性创新不断涌现，以人工智能为引领的新一代信息技术促进多个前沿技术领域交叉融合。全球科技创新进入空前密集活跃期，各国竞相布局新领域新赛道，围绕未来科技制高点的竞争空前激烈。新一轮科技革命和产业变革为我国科技创新提供了难得的赶超战略机遇，我们必须增强“不进则退、慢进亦退”的紧迫感，加快推进科技自立自强，在全球科技竞争中抢先一步，赢得国家发展和安全的主动。

二、我国科技创新重要成就为国家发展和安全奠定了坚实基础

在以习近平同志为核心的党中央坚强领导下，我国深入实施创新驱动发展战略，加快推进科技自立自强，科技事业取得历史性成就，为经济发展、民生改善和国家安全奠定了坚实物质技术基础。

（一）科技实力大幅提升，国家发展和安全的支撑保障能力不断夯实

科技整体实力显著提高。我国已进入创新型国家行列。2023 年我国全社会研发经费投入超过 3.3 万亿元，是 2012 年的 3.2 倍，居世界第二位；研发投入强度达到 2.64%，超过了欧盟平均水平；研发人员全时当量居世界第一。发明专利申请量、专利合作条约（PCT）国

际专利申请量连续多年蝉联世界第一，高被引论文数保持世界第二位。世界知识产权组织（WIPO）发布的全球创新指数报告中，我国排名从2012年的第34位上升到2023年的第12位。

基础研究能力大幅增强。全社会基础研究投入持续增加，从2012年的499亿元提高到2023年的2212亿元，占全社会研发投入比例从4.8%升至6.6%。成功组织一批重大基础研究任务，在量子信息、干细胞、脑科学、类脑芯片等前沿方向取得一批具有国际影响力的重大原创成果。量子计算原型机“九章”“祖冲之号”成功问世。在国际上首次实现利用二氧化碳人工合成淀粉，首次实现人体细胞发育过程“大逆转”，成功证明凯勒几何两大核心猜想。

国家战略科技力量加快布局。国家实验室组建运行，基本完成部分领域全国重点实验室重组，国家科研机构、高水平研究型大学的科研能力不断提高，企业科技创新主体地位显著提升，企业研发经费投入占全社会比重超过77%，部分重点行业领域科技领军企业不断壮大。北京、上海、粤港澳大湾区国际科技创新中心建设成效显著，跻身全球科技创新集群前10位。500米口径球面射电望远镜、散裂中子源等一批具有国际一流水平的重大科技基础设施发挥重要作用。

（二）突破一批关键核心技术，创新链产业链自主性不断增强

战略高技术领域取得新突破。我国在深空、深海、深地等领域积极抢占科技制高点。中国空间站全面建成并开启长期有人驻留时代，“天问一号”火星探测器开展中国首次地外行星环绕、着陆、巡视探

测，“羲和号”实现太阳探测零的突破。探月工程顺利实现三步走目标，嫦娥四号首登月背。北斗导航系统实现全球化运营。潜水器无人、载人谱系化发展，“海斗一号”无人潜水器完成万米海试，“奋斗者号”“深海勇士号”载人潜水器实现常态化下潜作业，深海技术装备取得重大突破。“地壳一号”钻井深度超过 7000 米，研制出 16 米级超大直径盾构机“京华号”。

重大科技创新成果引领产业发展。围绕产业链部署创新链，围绕创新链布局产业链，前瞻布局战略性新兴产业，培育发展未来产业。聚焦人工智能、先进制造、新材料、能源、交通等战略性产业强化科研攻关，以关键核心技术突破推动产业向中高端攀升。高性能装备、智能机器人、增材制造、激光制造等技术有力推动“中国制造”迈向更高水平。C919 大飞机实现商飞，国产大型邮轮完成试航。5G 率先实现规模化应用，新能源汽车、锂电池、光伏产品等外贸“新三样”扬帆出海，新能源汽车产销量连续 8 年居世界首位，全球市场份额超过六成。

科技创新有力支撑国家重大需求。有效实施科技重大专项，为港珠澳大桥、北京大兴国际机场、川藏铁路等一批重大工程建设提供关键技术和装备。时速 600 公里高速磁浮试验样车下线。复兴号高速列车实现世界最高时速 350 公里商业运营，系统掌握高铁建造成套技术，成为世界上唯一能在各种气候环境和复杂艰险条件下建设和运营高铁的国家。煤炭清洁高效利用、新型核电、特高压输电走在世界前列，光伏、风电装机容量以及储能、制氢规模居世界首位，为国家能源安全提供了有力保障。

（三）科技创新供给能力持续增强，惠及人民高品质生活

科技创新支撑健康中国建设。围绕新冠病毒变异与监测、疫苗和药物研发、疾病救治等重点领域方向持续开展应急科研攻关，疫情之初 7 天分离病毒毒株，14 天研制成功检测试剂，21 款疫苗获批附条件上市或紧急使用，14 款新冠药物获批附条件上市或新增新冠治疗适应症，157 款检测试剂获批上市，打了一场成功的科技抗疫战。聚焦癌症、心脑血管、呼吸和代谢性疾病等重点领域和临床专科，建立 50 个国家临床医学研究中心。重大新药创制专项累计研发成功 87 个一类新药，癌症、白血病、耐药菌防治等打破国外专利药垄断。重离子加速器、全数字 PET–CT、核磁共振、腔镜手术机器人、体外膜肺氧合机（ECMO）等高端医疗装备取得突破，为人民生命安全提供了有力保障。

科技创新支撑美丽中国建设。大气、水、土壤污染防治攻坚战向纵深推进，坚持山水林田湖草沙一体化保护治理，开展京津冀、长三角、珠三角等地区大气污染联防联控，以及黄河流域生态保护、长江经济带绿色高质量发展等专项行动，建设 11 个国家可持续发展议程创新示范区，在保护蓝天碧水净土、修复脆弱生态、发展循环经济中凸显科技的力量。推广应用煤炭清洁高效燃烧、钢铁多污染物超低排放控制等关键技术，推动绿色低碳转型，在全球率先实现“沙退人进”。科技支撑碳达峰碳中和行动取得新进展，为全球绿色发展和生态安全作出中国贡献。

科技创新支撑平安中国建设。综合运用人工智能、大数据、云计算等信息技术，提高金融和市场监管、社会治理、司法等领域的智能化、精细化、科学化水平。深入开展“科技兴警”行动，在反恐防

暴、网络攻防、数字身份识别等方面取得一批重要创新成果，科技赋能打击电信网络诈骗，有力支撑社会治理水平提升。重大自然灾害风险智能监测、处置救援装备和综合支撑技术广泛应用，在地震、暴雨洪涝灾害和重大公共安全事件应对中发挥重要作用，助力我国防灾减灾救灾能力显著提升。

科技创新支撑国家粮食安全。在杂种优势利用等育种关键核心技术方面形成了一批国际先进的技术成果，主要农作物自主选育品种面积超过 95%。研发土壤退化阻控和健康保育技术产品，有力提升黑土地保护、盐碱地综合利用、红黄壤酸化防治水平。推进大马力无级变速拖拉机、大喂入量谷物联合收割机等高端农机装备自主化、产业化，国产农机占比超过 90%。2023 年我国农业科技进步贡献率超 63%。深入推进科技扶贫精准扶贫，90 余万名科技特派员深入农村基层一线，科技在打赢脱贫攻坚战中发挥了重要作用。

三、新时代推进科技自立自强的宝贵经验

习近平总书记关于科技自立自强的重要论述，是新时代科技创新工作的根本遵循，蕴含着党领导科技事业蓬勃发展的宝贵实践经验，我们必须长期坚持、一以贯之。

（一）坚持党对科技事业的全面领导

习近平总书记强调，“中国共产党领导是中国特色科技创新事业

不断前进的根本政治保证”。党的领导是中国特色社会主义最本质的特征，是中国特色社会主义制度的最大优势。前进道路上，应对和战胜各种风险挑战，推动高质量发展和高水平安全，关键在党。党的十八大以来，以习近平同志为核心的党中央直接领导科技创新的顶层设计、总体布局、统筹协调、整体推进，不断健全党对科技工作的领导体制，完善党中央在科技领域谋大事、议大事、抓大事的制度安排，为我国科技事业发展提供了坚强政治保证。党的二十届二中全会审议通过《党和国家机构改革方案》，加强党中央对科技工作的集中统一领导，组建中央科技委员会，作为党中央决策议事协调机构，统筹解决科技领域战略性、方向性、全局性重大问题。实践一再证明，只有坚持党对科技事业的全面领导，把党的领导落实到科技事业各领域各方面各环节，才能牢牢把握我国科技创新的正确方向，才能在国家发展和安全中更好发挥科技创新作用。

（二）坚持走中国特色自主创新道路

习近平总书记指出，“自力更生是中华民族自立于世界民族之林的奋斗基点，自主创新是我们攀登世界科技高峰的必由之路”，多次强调“必须坚持走中国特色自主创新道路”。科技自立自强与自力更生、自主创新一脉相承，是中国特色自主创新道路与时俱进的新要求。中国特色自主创新道路是顺应世界科技发展潮流、遵循创新规律、符合我国发展实际的科技创新道路。这一道路要求我们坚持党的领导，把科技创新摆在国家发展全局的核心位置；坚持科技是第一生产力、人才是第一资源、创新是第一动力；坚持科技自立自强，突出国家战略抓重点，发挥新型举国体制优势，集中力量办大事；坚持改革驱动发展，开放促进创新。实践证明，只有坚持走中国特色自主创新道路，把科技的命脉牢牢掌握在自己手中，才能解决制约我国经济社会发展的“卡脖子”问题，从根本上保障国家发展和安全。

（三）坚持“四个面向”的战略方向

习近平总书记强调，科技创新必须“面向世界科技前沿、面向经济主战场、面向国家重大需求、面向人民生命健康”。从“三个面向”到“四个面向”，党中央与时俱进，调整丰富科技创新的战略方向，赋予科技创新新的使命，指引我国科技事业始终沿着正确的战略方向不断发展壮大。面向世界科技前沿，才能把握世界科技发展态势，加强前瞻布局，积极抢占国际科技竞争制高点，赢得未来发展主动，为人类认知世界贡献中国智慧。面向经济主战场，才能发挥科技第一生产力、创新第一动力作用，支撑现代化产业体系建设，开辟发展新领域新赛道，塑造发展新动能新优势，以科技强促进产业强、经济强、国家强。面向国家重大需求，有效突破国家重大战略工程建设、重大战略产品研制中的关键核心技术，提供系统的科学技术解决方案，科技创新才能为国家发展和安全作出应有贡献。面向人民生命健康，支撑应对公共卫生、自然灾害、公共安全等重大突发事件，为疾病防控、粮食安全、生态环境保护等领域提供科技惠民产品，科技创新才能为人民美好生活作出应有贡献。

（四）坚持“四抓”的工作方法

习近平总书记要求，科技管理部门要坚持“抓战略、抓改革、抓规划、抓服务”，指明了做好科技工作的方法路径，是政府科技管理工作的行动指南，是推进科技创新治理体系和治理能力现代化的内在要求。破解战略难题，赢得战略主动，必须做好战略谋划，紧扣建设科技强国战略目标，把握国际科技发展趋势，找准科技创新战略方向，强化前瞻性布局，深入实施科教兴国战略、人才强国战略、创新驱动发展战略。深化科技体制改革，破除一切制约科技创新的思想障碍和制度藩篱，完善科技管理体制和运行机制，健全科技创新政策体系，才能实现改革驱动创新、创新驱动发展的良性互动，提升国家创新体系整体效能。制定中长期规划和五年规划，统一思想、凝聚共识、集聚资源，明确科技发展的总体思路、发展目标、主要任务和重大举措，推动教育、科技、人才良性循环，科技、金融、产业融合发展，才能确保战略部署高效实施、战略任务落到实处。践行党的宗旨，强化服务意识，提高服务能力，切实为科研人员减负、为创新主体松绑、为创新活动清障，实现科技管理向创新服务转变，才能营造良好创新环境，激发全社会创新活力。

四、以高水平科技自立自强有力支撑国家发展和安全

面向新时代新征程，我们必须坚持以习近平新时代中国特色社会主义思想为指导，全面落实总体国家安全观，坚持党中央对科技工作的集中统一领导，健全新型举国体制，强化顶层设计和统筹协调，以

高水平科技自立自强有力支撑国家发展和安全。

（一）坚决打赢关键核心技术攻坚战，保障产业链韧性和安全

把突破关键核心技术作为当务之急，尽快改变关键领域受制于人的局面。以国家需求为导向，着力解决制约国家发展全局和长远利益的重大科技问题，加强战略谋划和系统布局，强化各类科技计划的统筹协调，形成关键核心技术攻关强大合力。围绕重点产业链，着力突破关键基础材料、元器件、零部件核心技术，补齐重大技术装备短板，成体系突破“卡脖子”技术难题，保障重点产业的创新链供应链自主可控。

（二）以科技创新推进新质生产力发展，努力赢得未来发展和国际竞争的战略主动

面向国家重大战略和未来产业发展需求，发挥科技创新在发展新质生产力中的核心要素作用，加强原创性、颠覆性科技创新，以颠覆性技术催生新产业、新模式、新动能，推动新质生产力加快发展。围绕推进新型工业化和加快建设制造强国、质量强国、网络强国、数字中国和农业强国等战略任务，科学布局科技创新、产业创新。加快实施一批具有战略性全局性前瞻性的国家重大科技项目，接续实施国家科技重大专项。加快构建以企业为主体、产学研深度融合的科技成果转化体系，协调推动重大科研成果示范应用，推进科技成果赋权改革等政策改革，及时将科技创新成果应用到具体产业和产业链上，改造提升传统产业，培育壮大新兴产业，布局建设未来产业，完善现代化产业体系。

（三）加强基础和前沿领域前瞻布局，夯实科技自立自强根基

制定和完善支持基础研究的政策措施，有组织推进战略导向的体系化基础研究、前沿导向的探索性基础研究、市场导向的应用性基础研究。稳步增加基础研究财政投入。坚持目标导向，从经济社会发展和国家安全面临的实际问题中凝练科学问题，从源头和底层解决关键核心技术问题。鼓励自由探索，拓展认识自然的边界，开辟新的认知疆域，孕育科学突破。持续深化国家自然科学基金系统性改革，充分发挥科学基金的独特作用。

（四）强化国家战略科技力量，提升国家创新体系整体效能

面向国家战略需求和长远发展，优化国家科研机构、高水平研究型大学、科技领军企业定位和布局，形成国家实验室体系，完善国家科技基础条件平台体系，建立国家战略科技力量履职尽责、优势互补的协作机制。注重发挥国家实验室引领作用、国家科研机构建制化组织作用、高水平研究型大学主力军作用。强化企业科技创新主体地位，发挥科技领军企业作用，企业牵头组建创新联合体。统筹推进国际科技创新中心、区域科技创新中心建设，打造世界科学前沿领域和新兴产业技术创新、全球科技创新要素的汇聚地。

（五）加强人才队伍建设，激发各类人才创新活力、动力和潜力

坚持创新驱动实质是人才驱动，着力造就拔尖创新人才，加快建设国家战略人才力量，聚天下英才而用之。提高科技人才自主培养质量和能力，培养、造就更多战略科学家，打造一流科技领军人才和创新团队，优化领军人才发现机制和项目团队遴选机制。围绕产业链创

新链超前布局高端人才供应链，激发各类人才创新活力、动力和潜力。加强基础学科和紧缺类学科建设，培养造就拔尖创新人才。实施加强青年科技人才培养和使用的若干措施，促进更多青年科技人才脱颖而出。优化以创新价值、能力、贡献为导向的科技人才评价体系。

（六）构建高水平科技开放合作体系，形成具有国际竞争力的开放创新生态

积极主动融入全球创新体系，用好全球创新资源，共同应对气候变化、人类健康、能源安全、粮食安全等人类共同挑战。促进更加开放包容、互惠共享的国际科技交流合作，以持续提升科技自主创新能力夯实国际合作基础，以更加开放的思维和举措推进国际科技交流合作。加快牵头组织国际大科学计划和大科学工程，为解决全球性问题贡献中国智慧。深入实施“一带一路”科技创新行动计划，促进创新成果更多惠及各国人民。完善国际化人才制度和科研环境，设立面向全球的科学研究基金，鼓励支持各国科学家围绕解决全球性问题挑战共同开展研究。

（七）推进科技安全体系和能力现代化，坚决维护国家科技安全

强化国家安全工作协调机制，完善科技安全法治体系、政策体系、风险监测预警体系、安全保障体系。完善国家科技保密制度，强化事关国家安全和重大利益的敏感领域、重大项目、重点机构保密管理。加强人工智能等新兴领域立法研究，提高治理水平。全面加强国家安全教育，提高科技管理干部统筹发展和安全的能力。

着力提升产业链供应链韧性和安全水平

工业和信息化部党组书记、部长　金壮龙

党中央高度重视产业链供应链安全稳定。习近平总书记强调，要把增强产业链韧性和竞争力放在更加重要的位置，着力构建自主可控、安全高效的产业链供应链。党的二十大报告明确指出，着力提升产业链供应链韧性和安全水平。我们要充分认识、准确把握提升产业链供应链韧性和安全水平的重大意义、面临形势和使命任务，切实把思想和行动统一到党的二十大精神上来，坚定不移把党中央的决策部署落实好、见实效。

一、深刻认识提升产业链供应链韧性和安全水平的重大意义

党的十八大以来，习近平总书记举旗定向、掌舵领航，着眼全局、把握大势，就产业链供应链作出一系列重要论述，为我们统筹高质量发展和高水平安全，提升产业链供应链韧性和安全水平提供了根本遵循。

（一）提升产业链供应链韧性和安全水平，是实现高质量发展的内在要求。习近平总书记强调，高质量发展是全面建设社会主义现代化国家的首要任务，是新时代的硬道理。改革开放以来，我国经济发展取得举世瞩目的成就，但长期形成的粗放型发展模式和生产力发展路径已难以为继，必须完整、准确、全面贯彻新发展理念，更好统筹质的有效提升和量的合理增长。同高质量发展的要求相比，我国产业链供应链关键环节受制于人、产业基础不牢、内循环不畅等问题较为突出，不仅影响产业链供应链自身的安全稳定，还不利于国民经济持续健康发展。必须把提升产业链供应链韧性和安全水平放到更加重要的突出位置，通过补链、延链等措施加快构建富有韧性的产业链供应链体系，把发展主动权牢牢掌握在自己手中，为推动高质量发展提供强有力支撑。

（二）提升产业链供应链韧性和安全水平，是建设现代化产业体系的关键举措。习近平总书记强调，现代化产业体系是现代化国家的物质技术基础。现代化的工业是现代化产业体系最重要的基础和核心。加快构建以科技创新为引领、先进制造业为骨干的现代化产业体系，这是我国顺应发展大势、构筑未来发展战略优势的重要支撑。建设现代化产业体系必然要求在确保安全稳定的基础上，推动形成现代化的产业链供应链。推动短板产业补链、优势产业延链、传统产业升链、新兴产业建链，保持并增强我国产业体系完整的优势，持续提升产业体系整体质量和效率。

（三）提升产业链供应链韧性和安全水平，是构建新发展格局的重要基础。习近平总书记强调，加快构建新发展格局，才能夯实我国经济发展的根基、增强发展的安全性稳定性。构建新发展格局关键在于实现经济循环的畅通无阻，归根到底是产业链各环节有序衔接，产业链供应链安全稳定。改革开放以来，我国深度参与经济全球化，产业链已与全球产业体系深度融合。近年来，受逆全球化、地缘政治博弈等因素影响，我国产业链供应链安全稳定面临较大风险和挑战。要以提升产业链供应链韧性和安全水平为突破口，提高国内大循环的内生动力和可靠性，增强对国际循环的支撑力和带动力，确保产业链各环节衔接有序、循环畅通，服务构建以国内大循环为主体、国内国际双循环相互促进的新发展格局。

二、准确把握提升产业链供应链韧性和安全水平面临的形势

当前，世界正经历百年未有之大变局，局部冲突和动荡频发，全球性问题加剧，外部环境的复杂性、严峻性、不确定性上升。我国正处于实现中华民族伟大复兴关键时期，既要抓住外部环境变化带来的新机遇，也要准备迎接新挑战，着力提升产业链供应链韧性和安全水平，为加快推进新型工业化、全面建设社会主义现代化国家筑牢基础。

（一）我国正处于工业大国向工业强国迈进的重要关口期。党的十八大以来，我国深入实施制造强国战略，工业发展取得长足进步，主要体现为“全”“多”“大”“强”。一是体系全，我国是全球唯一拥有联合国产业分类中全部工业门类（41 个大类、207 个中类、666 个小类）的国家，各种制造业都有。二是品种多，在 500 种主要工业

产品中，我国有四成以上产品产量位居全球第一，个人计算机、空调、太阳能电池板、手机等一批重要产品产量占全球一半以上。三是规模大，2023年，我国全部工业增加值接近40万亿元，占GDP的31.7%，我国制造业规模占全球比重约30%，连续14年居世界首位。四是网络设施强，我国5G基站已经达到338万个，实现市市通千兆，县县通5G，村村通宽带。但整体上看，我国工业仍处在由大变强、爬坡过坎的重要关口，发展不平衡不充分问题仍然突出，在关键核心技术、产业基础能力、产业链供应链安全稳定等方面还存在突出短板，部分行业存在高质量产品供给不足、产能过剩等情况，创新链、产业链、资金链、人才链之间深度融合不够。要充分认识当前的新形势新要求，在产业链补短锻长、优化布局、开放合作等方面下大功夫，提升产业链供应链韧性与安全水平，推动实现更高质量、更有效率、更加公平、更可持续、更为安全的发展。

（二）新一轮科技革命和产业变革深入发展。历史上，每一次科技革命和产业变革都极大提升了生产效率、改变了生产方式，并催生很多新产业新业态新赛道，推动产业体系发生系统性重构。当前，新一轮科技革命和产业变革蓬勃发展，信息技术、生物技术、新材料、新能源等领域快速进步，人工智能成为引领未来发展的关键变量，将深刻改变全球产业链分工格局。世界主要工业大国纷纷出台战略规划，瞄准重点领域实施针对性的产业链政策，抢占未来发展制高点的竞争空前激烈。经过几十年的不懈努力和长期积累，我国已在新一代信息技术、新能源等部分关键领域形成良好基础，比以往任何时候都更有能力和条件在新一轮科技革命和产业变革中抢得先机。要围绕发展新质生产力布局产业链，加快推进科技创新成果应用到具体产业和产业链上，加快提升产业链供应链韧性和安全水平，打造自主可控、安全可靠、竞争力强的现代化产业体系。

（三）外部环境的不确定难预料因素明显增多。当前，世界经济复苏乏力，根据联合国发布的《2024年世界经济形势与展望》报告预测，全球经济增长率将从2023年的2.7%减缓至2024年的2.4%。全球产业链分工深度调整，跨国企业供应链布局由传统的成本和效率导向，转向更加重视韧性和安全，呈现出本地化、区域化、多元化等新特征新趋势。发达国家先后制定实施一系列加快发展先进制造业的产业政策，吸引生产制造环节回流。印度、越南等新兴经济体凭借劳动力成本优势和资源优势，积极承接国际产业转移，加快本国工业化进程。面对外部环境的不确定因素和各种风险挑战，必须坚定不移维护全球产业链供应链公共产品属性，保障我国产业链供应链安全稳定，以实际行动深化产业链供应链国际合作，共同打造安全稳定、畅通高效、开放包容、互利共赢的全球产业链供应链体系。

三、全面落实提升产业链供应链韧性和安全水平的重点任务

坚持以习近平新时代中国特色社会主义思想为指导，全面贯彻党的二十大和二十届二中全会精神，认真落实中央经济工作会议和全国新型工业化推进大会部署要求，完整、准确、全面贯彻新发展理念，统筹高质量发展和高水平安全，大力推进新型工业化，全面实施制造业重点产业链高质量发展行动，改造升级传统产业，巩固提升优势产

业，培育壮大新兴产业，前瞻布局未来产业，支持中小企业专精特新发展，加快构建以科技创新为引领、先进制造业为骨干的现代化产业体系，打造更多有国际影响力的“中国制造”品牌，推动产业链供应链安全稳定和优化升级。

一是着力补齐重点产业链短板。全面实施制造业重点产业链高质量发展行动，发挥新型举国体制优势，巩固提高一体化国家战略体系和能力，优化国防科技工业体系和布局，加强产业链标准体系建设，一体化推进技术攻关、迭代应用、生态培育，实现化点成珠、串珠成链。统筹实施关键核心技术攻关工程、产业基础再造工程和重大技术装备攻关工程，加快提升产业基础能力，突破一批基础零部件、基础元器件、基础材料、基础软件等战略性基础产品和重大标志性装备。大力提升产业科技创新能力，组织实施好科技重大专项和重点研发计划。建设一批制造业创新中心，增强重点行业关键共性技术供给。针对性布局一批高水平中试和试验验证平台，加快将科研成果转化为现实生产力。用好首台（套）首批次等政策，加快创新产品推广应用和迭代升级。

二是巩固提升优势产业链长板。当前，我国轨道交通装备、船舶与海洋工程装备、新能源汽车、光伏、通信设备、动力电池等产业具备一定国际竞争优势，必须把这个优势巩固好、发挥好。要充分发挥链主企业作用，加快强链延链补链，扩大规模优势，增强技术优势，促进上下游供需对接、协同发展，提升全产业链竞争力。加强新技术新产品创新迭代，高度关注新技术突破引发的颠覆性变革，找准影响产业链供应链安全的风险点位，及时优化调整发展策略，避免被“弯道超车”。广泛应用数智技术、绿色技术，聚焦钢铁、有色、轻工等重点行业，推动大规模技术改造和设备更新，加快高端化、智能化、绿色化转型。瞄准产业升级和消费升级方向，加强质量品牌建设，增强高端产品和服务供给能力。

三是打造新兴和未来产业链。借鉴 5G、新能源汽车等新兴产业领域的成功经验，统筹技术创新、规模化发展和应用场景建设，加快发展新质生产力，打造经济发展新引擎、新动能。推进信息化和工业化深度融合，巩固提升我国信息通信业竞争优势和领先地位，实施制造业数字化转型行动，推动人工智能赋能新型工业化，加快培育新模式新业态。发展壮大新能源、新材料、智能网联汽车等新兴产业链，推进北斗在通信领域、大众消费领域规模应用，积极培育生物制造、商业航天、低空经济、安全应急装备等新的增长点。培育量子技术、生命科学等新赛道，用好国内大市场和丰富应用场景，创建一批未来产业先导区。围绕未来制造、未来信息、未来材料、未来能源、未来空间和未来健康等产业方向，依托龙头企业培育未来产业链，构筑未来发展新优势。

四是促进产业链上下游企业融通发展。发展壮大产业链骨干企业，支持企业间战略合作和强强联合，培育一批具有生态主导力和产业链控制力的世界一流企业。发挥中央企业在重要产业链中的龙头中枢作用，提升中央企业的产业控制力、安全支撑力、科技创新力。构建优质企业梯度培育体系，加大财税、金融、人才、知识产权等方面支持力度，培育更多专精特新中小企业、“小巨人”企业和制造业单项冠军企业。构建大中小企业融通发展生态，深入开展大中小企业融通创新“携手行动”、中小企业数字化赋能专项行动，引导大企业向中小企业开放应用场景和创新要素，促进大中小企业深度融通、全面协作。

五是优化产业链供应链空间布局。培育一批具有国际竞争力的先进制造业集群，创建国家新型工业化示范区，推进国家高新技术开发区提质增效，发挥好国家自主创新示范区作用，打造重点产业链布局的优质载体。发挥制造业转移发展指导目录引导作用，推动制造业在国内有序转移，提升中西部地区承接产业转移能力，发挥特色优势，有序承接、错位发展，把产业链关键环节留在国内，巩固我国完整产业体系优势。

六是推进产业链供应链更高水平开放。用好国内国际两个市场两种资源，培育我国产业链国际合作与竞争新优势。更高质量“引进来”，建设市场化、法治化、国际化一流营商环境，全面取消制造业领域外资准入限制措施，扩大对外开放试点增值电信业务，强化重点外资项目服务保障，鼓励支持外资企业参与国内产业链供应链建设。更高水平“走出去”，鼓励企业多元化布局、国际化发展，用好中欧、中日韩等双多边合作机制，深化与共建“一带一路”国家产业链供应链互补性合作，推动构建安全稳定、畅通高效、开放包容、互利共赢的全球产业链供应链体系。

七是提升产业链供应链治理现代化水平。坚持和加强党的全面领导，确保党中央重大决策部署贯彻落实。优化产业政策实施方式，维护产业链供应链安全稳定，增强产业链竞争力。着力强化金融精准有效服务，发挥国家产融合作平台作用，引导金融机构加大对重点产业链的支持力度。聚焦制造业重点产业链，建设高素质人才队伍，大力培养大国工匠、卓越工程师和更多高技能人才。对新技术新模式新业态加强包容审慎监管，鼓励创新探索，让企业敢闯敢试。

统筹高质量发展与高水平安全
牢牢掌握国家生物安全主动权

国家卫生健康委员会副主任、党组副书记（正部长级） 曾益新

生物安全是国家有效防范和应对重大新发突发传染病、外来物种入侵、生物恐怖与生物武器等威胁，合理利用病原微生物实验室、生物技术、生物资源，在生物领域具备维护国家安全和持续发展的能力。2018 年 1 月，在学习贯彻党的十九大精神研讨班开班式上，习近平总书记列举了 8 个方面 16 个需要重点防范的风险，其中提到“像非典那样的重大传染性疾病，也要时刻保持警惕、严密防范”。2021 年 9 月，习近平总书记在中央政治局第三十三次集体学习时强调，生物安全关乎人民生命健康，关乎国家长治久安，关乎中华民族永续发展，是国家总体安全的重要组成部分，也是影响乃至重塑世界格局的重要力量。与此同时，生物领域也是新一轮科技革命和产业变革中最有望实现革命性突破的重点领域之一，发展生物科技和生物经济是顺应全球生物技术加速演进趋势、实现高水平科技自立自强的重要方向，是前瞻布局培育壮大生物产业、推动经济高质量发展的重要举措。科学规划、系统推进我国生物领域发展与安全，是满足生命健康需求快速增长、满足人民对美好生活向往的重要内容，是加强国家

生物安全风险防控、推进国家治理体系和治理能力现代化的重要保障，是推动经济高质量发展的内在要求。

党的十八大以来，习近平总书记围绕统筹发展和安全，提出了一系列新观点、新概括、新阐述。在2014年中央国家安全委员会第一次会议上，明确提出“既重视发展问题，又重视安全问题，发展是安全的基础，安全是发展的条件”。在十九届中央政治局第二十六次集体学习时，就贯彻总体国家安全观提出“十个坚持”，其中包含“坚持统筹发展和安全，坚持发展和安全并重，实现高质量发展和高水平安全的良性互动”。在二十届中央国家安全委员会第一次会议上，强调“推动发展和安全深度融合”。在2023年中央经济工作会议上，强调必须坚持高质量发展和高水平安全良性互动。

这些重要观点论述，体现了前瞻战略眼光，既一脉相承又与时俱进，为更好统筹生物领域发展和安全的理论创新、实践创新，有针对性地部署实现高质量发展、高水平安全、高效能治理的重大规划、重大改革、重大政策，打好发展主动仗，牢牢掌握国家生物安全主动权，提供了根本遵循和行动指南。

一、深刻认识生物领域统筹高质量发展和高水平安全的重大意义

（一）切实筑牢国家生物安全屏障，是实现高质量发展的现实需求

安全是发展的前提，高水平的安全保障高质量发展的可持续性。

当前和未来一段时期，重大新发突发传染病、动植物疫情、生物武器威胁、生物恐怖等传统生物安全问题和生物技术滥用谬用、实验室生物安全事故、生物资源和生物数据流失等新型生物安全风险相互叠加，境外生物威胁和内部生物风险交织并存，生物安全风险呈现出许多新特点，已经成为全世界、全人类面临的重大生存和发展威胁之一。践行总体国家安全观，深刻认识新形势下加强生物安全建设的重要性和紧迫性，推进生物安全领域科技自立自强，切实织牢织密生物安全风险监测预警网络，筑牢国家生物安全屏障，提升维护和塑造国家生物安全能力，必须坚持统筹高质量发展和高水平安全。

（二）推动高质量发展，是加快推进国家生物安全治理体系和治理能力现代化的战略指引

发展是安全的保障，高质量的发展塑造高水平的安全。党的十八大以来，以习近平同志为核心的党中央将加强公共卫生防疫、重大传染病防控和生物安全建设作为推进国家治理体系和治理能力现代化的重要内容。总体上，我国生物安全防范意识和防护能力不断增强，维护生物安全基础不断巩固，生物安全建设取得历史性成就。但必须清醒认识到，我国生物安全风险防控和治理体系还存在短板弱项。加快推进生物安全风险防控和治理体系现代化，以统筹推进高质量发展与高水平安全发展为战略指引，通过体制机制创新、狠抓政策落实、科技创新等高质量发展举措，提供制度、物质和人才支撑，提升和增强国家生物经济实力、科技实力、综合国力、国际影响力，实现高水平国家生物安全。

（三）统筹高质量发展和高水平安全，是顺应生物经济时代和生物安全时代的历史主动

生物产业是关系国计民生和国家安全的战略性新兴产业。未来10年甚至更长一段时期，我国生物产业处于新的历史方位，亟须实施新的一体化的改革发展举措，在高质量发展中应对风险挑战。2022年，我国首部生物经济五年规划《“十四五”生物经济发展规划》印发，将“坚持风险可控”作为发展生物经济的五大原则之一。坚持发展和安全动态平衡，生物领域统筹推进高质量发展与高水平安全，既贯彻新发展理念，将安全注入发展，实现更高质量的发展，又立足于总体国家安全观，将发展导入安全，推动生物科技、生物经济、生物安全协同发展、互为促进、一体衔接，实现我国生物经济高质量发展与高水平生物安全在更广范围、更深层次上相辅相成、协同而行，是牢牢把握新一轮科技革命带来的战略机遇、顺应生物经济时代和生物安全时代大势的历史主动。

（四）统筹高质量发展和高水平安全，是立足两个大局谋划和落实生物领域工作的重要方法遵循

习近平总书记指出，领导干部要胸怀两个大局，一个是中华民族伟大复兴的战略全局，一个是世界百年未有之大变局，这是我们谋划工作的基本出发点。目前，世界进入新的动荡变革期，我国国家安全处于战略承压期和风险集中期。有关西方大国将我国视为战略竞争对手，将生物领域视为大国战略博弈的新疆域，开展所谓全政府、全社会、全世界范围的竞争。如何认识和处理生物领域问题，推动生物安全、生物产业、生物国防和社会参与，促进国内与国际的协同发展，

维护国家安全、发展利益，须有更为广阔的视野和全局运筹谋略。统筹推进高质量发展与高水平安全，是立足两个大局谋划和落实生物领域重大工作、构建新发展格局的重要方法遵循。充分把握两者辩证统一的战略关系，加强战略性、系统性、前瞻性、全局性研究谋划，适度前瞻部署、全球性部署，在更高层次、更深程度上维护和塑造国家安全、保障人民生命健康，才能实现民族复兴的伟业。

二、生物领域统筹高质量发展与高水平安全取得显著成就和经验

（一）党中央从全局和战略高度作出系列重大战略决断和决策部署

党的十八大以来，以习近平同志为核心的党中央围绕统筹生物领域高质量发展与高水平安全，作出系列重大战略决断、决策部署，彰显了巨大的政治勇气、果敢的历史担当。2014 年，习近平总书记创造性提出总体国家安全观，高瞻远瞩将生物安全纳入国家安全重点领域，加强战略谋划和综合运筹。近年来，党中央将统筹生物领域高质量发展与高水平安全有关工作写入有关决定、纳入国家战略意图的纲领性文件，体现全党意志、反映人民心愿。在《中共中央关于坚持和完善中国特色社会主义制度、推进国家治理体系和治理能力现代化若干重大问题的决定》中，将加强公共卫生服务体系建设、及时稳妥处置重大新发突发传染病作为国家治理体系和治理能力现代化的重要目标和任务。在党的二十大报告中，明确提出“健全生物安全监管预警

防控体系”的重大要求。在《中华人民共和国国民经济和社会发展第十四个五年规划和二〇三五年远景目标纲要》中，明确从国家急迫需要和长远需求出发，集中优势资源攻关新发突发传染病和生物安全风险防控、医药和医疗设备等领域关键核心技术。

（二）法律法规和制度保障体系更加健全

2021年4月15日，《中华人民共和国生物安全法》正式施行。生物安全法是生物安全领域的一部基础性、综合性、系统性、统领性法律，它的颁布和实施具有里程碑意义，标志着我国生物安全进入依法治理的新阶段。统筹推进立法修法工作，研究梳理传染病防治法、国境卫生检疫法、突发事件应对法等与生物安全相关的法律，研究制修订《生物技术研究开发安全管理条例》《生物医学新技术临床研究和转化应用管理条例》《病原微生物实验室生物安全管理条例》《生物遗传资源获取与惠益分享管理条例》等法律法规。引入实施规范、指引、办事指南等更多政策导引工具，编写《国家生物安全知识百问》等，努力增强法规制度的系统性、协调性，建立更流畅、更高效的生物技术活动、产品的过程监管，确保适应发展需求、人民意愿。近年来，我国立改废释并举，立法、普法、执法、司法、守法各环节发力，统筹生物领域发展与安全的法律法规和制度保障体系更加健全。

（三）组织领导与统筹协调体制机制更加完善

《中华人民共和国生物安全法》规定，中央国家安全领导机构负责国家生物安全工作的决策和议事协调，研究制定、指导实施国家生物安全战略和有关重大方针政策，统筹协调国家生物安全的重大事项和重要工作。在中央国家安全领导机构的领导下，我国建立了由国务院卫生健康、农业农村、科学技术、外交等主管部门组成的国家生物安全工作协调机制，负责分析研判国家生物安全形势，组织协调、督促推进国家生物安全相关工作，并设立国家生物安全工作协调机制办公室，负责协调机制的日常工作。建立生物经济发展部际协调机制，统筹推动生物经济发展相关工作落实。近年来，在党中央的集中统一领导下，我国生物安全领域组织领导体系更加完善，统筹协调体制机制运行更加顺畅，统筹发展与安全更加有力。

（四）国家产业竞争力、安全保障力和态势塑造力显著提高

一是国家生物产业竞争力大幅提升。党的十八大以来，我国生物经济发展取得巨大成就，产业规模持续快速增长，门类齐全、功能完备的产业体系初步形成。基础研究取得重要原创性突破，一些生物技术产品和服务已处于第一梯队，创新能力大幅提升。**二是**科技支撑力显著提升。新冠疫情期间，我国全力推进科研攻关工作，为打赢疫情防控阻击战提供强大科技支撑。在病原学和流行病学方面，8 天完成病原体鉴定和病毒分离，并第一时间向世界分享了病毒全基因组序列信息，得到世卫组织“用创纪录短的时间甄别出病原体”的高度评价。在检测试剂方面，快速实现检测试剂从无到有的突破，并持续提升核酸检测产品性能，基本满足疫情防控各个方面不同场景的检测需求。药物研发方面，迅速筛选评价了多种有效治疗药物，逐步形成应对新冠疫情“主打方案”。在疫苗研发方面，布局 5 条技术路线，通过研究工作合理并联、审评机构提前介入等方式加速疫苗研发进程

等。**三是**风险监测预警、应急处置和临床救治能力达到新水平。目前，我国已建立法定传染病和突发公共卫生事件网络直报系统；重大动物疫情、农作物病虫害、全球传染病疫情信息监测网络充分发挥作用；生物技术生态环境风险评价、监测、检测和安全控制技术体系不断完善，多渠道生物风险监测预警机制持续健全。印发《关于推动疾病预防控制事业高质量发展的指导意见》《公共卫生防控救治能力建设方案》《关于健全公共卫生应急物资保障体系的实施方案》等，全面系统提升重大突发公共卫生事件的应对能力。建成世界上最大的医疗卫生服务体系、医疗保障体系、医药物资供应体系，培养了规模宏大的医疗卫生队伍，有力保障各项救治工作顺利开展。**四是**生物领域的国际交流与合作更加奋发有为。在实现自身发展的同时，我国积极主动地为全球生物安全高质量发展贡献中国力量，担当大国责任。面对国际大变局，我国坚持“促进生物技术健康发展，推动构建人类命运共同体，实现人与自然和谐共生”，致力于促进生物领域的国际交流与合作，积极贡献中国方案。中国科学家与国际同行一道，推动达成《科学家生物安全行为准则天津指南》，并得到国际社会广泛支持。

（五）全社会参与生物科技与生物安全事业发展的动力持续增强

统筹生物领域发展和安全既是重大实践问题，也是重大理论问题。社会各界参与国家生物安全事业发展的积极性更加高涨、途径更加通畅、成效更加显著。全国两会代表委员围绕生物科技、卫生健康、生物经济与生物安全等积极参政议政、建言献策，涵盖人才培养、科研管理与成果转化、国际合作等多个领域。企事业单位、行业机构、国内科学家群体、学术期刊界、基层群众性自治组织和国内外慈善机构、志愿者组织等社会第三方，通过各渠道，积极参与国家生物安全事业建设和生物安全重大事件防控的对话交流，积极履行社会责任。

三、新形势下生物领域统筹高质量发展与高水平安全的着力点

（一）加强统筹发展和安全的战略谋划与组织领导

一是加强统筹谋划，建立适应“发展和安全要动态平衡、相得益彰”的一体化布局。中央国家安全领导机构研究制定、指导实施国家生物安全重大政策方针，完善国家生物安全战略和事业发展规划。**二是**狠抓工作落实，加强国家生物安全工作协调机制运行。强化国家生物安全工作协调机制组织协调、督促推进、成效评估等职能，更加有力推动生物安全相关工作落实。**三是**充分运用智库，发挥各级各类专家委员会作用。加强战略研究，开展政策执行情况、实施效果、社会影响和生物技术安全评价。**四是**坚持以人民为中心，持续激发全社会参与国家生物安全事业发展的内生动力。多渠道、灵活、有针对性地开展生物安全和生物经济知识、政策和法律法规宣传普及，提升公众参与和公共监督，提升全民生物经济、生物安全意识和素养，提高“人人尽责、人人受益”的主体行动能力，提高社会治理效能。

（二）推进统筹发展和安全的国情调查、理论创新和科技创新

一是筑牢良性互动之基，开展生物安全国情调查和评估。坚持从

现实国情出发，深入分析我国生物安全与生物产业治理的基本状况和基础条件、存在的重大或瓶颈性问题、效能障碍等，为统筹高质量发展和高水平安全良性互动建立坚实基础。**二是**谋划动态平衡之理，强化组织管理理论创新。针对生物经济时代和生物安全时代并行，更多从国家综合竞争力、制度与发展理念的角度，研究支撑我国生物经济高质量发展的理论体系，研究人类健康、生物安全风险本源、公共产品稀缺等社会发展面临的系列重大问题。**三是**实施相得益彰之策，健全维护生物安全科研攻关体系。乘新一轮党和国家机构改革之势，完善“面向人民生命健康”国家生物领域战略需求的生成机制，优化科技资源配置，加大科技创新科研项目、支撑平台、产业基地等建设投入。

（三）健全生物安全监管预警防控体系

一是完善生物安全监管体系。通过领域全覆盖与重点聚焦监管相结合的方式，建立风险防范、分类监管模式。坚持依法监管、审慎监管，完善行政监管主导与行业自律相结合的监管机制，实现监管与发展动态平衡。**二是**健全生物安全风险监测预警体系。加强生物威胁因子监测哨点网络建设，统筹生物安全领域风险监测基础设施、信息平台和专业力量，建立风险监测预警信息汇交和综合研判机制。**三是**强化生物安全风险防控体系。完善重大生物安全突发事件的应急体系，开展推演演练和综合运筹。加强科研攻关、产品转化、生产制备等平台基地建设，优化风险防控各环节的联动机制，理顺全链条风险防控体系。

（四）高举构建人类卫生健康共同体旗帜

加快构建我国生物领域国际化发展新格局，以高水平安全保障高质量发展。加大我国在全球生物安全公共产品的高质量供给，提升公共卫生和生物领域既有国际合作平台功能，加强生物安全政策制定、风险评估、应急响应、信息共享、能力建设等方面的双多边合作交流，支持反生物恐怖、军事卫生合作。开展国际发展合作，助力构建人类卫生健康共同体。

加快提升关键信息基础设施安全水平 切实保障经济社会高质量发展

中央网信办副主任、国家网信办副主任　王京涛

没有网络安全就没有国家安全。党的十八大以来，以习近平同志为核心的党中央高度重视网络安全工作，从党和国家事业发展全局高度，作出一系列重大决策部署。关键信息基础设施是经济社会运行的神经中枢，是网络安全的重中之重。习近平总书记强调，要加强关键信息基础设施安全保护，着力构建全国一体化的关键信息基础设施安全保障体系。面向新时代新征程，我们要切实把思想和行动统一到以习近平同志为核心的党中央决策部署上来，深入贯彻落实总体国家安全观，持续提升关键信息基础设施安全保护能力，筑牢国家网络安全屏障，为经济社会高质量发展保驾护航。

一、深入学习领会习近平总书记关于网络强国的重要思想，坚持关键信息基础设施安全保护工作的正确方向

党的十八大以来，习近平总书记深刻把握信息革命发展大势，对

网络安全和信息化工作作出重要论述，对加强关键信息基础设施安全保护提出明确要求。习近平总书记的重要论述高瞻远瞩、统揽全局，思想深邃、内涵丰富，为新时代筑牢国家网络安全防线指明了前进方向、提供了根本遵循。

（一）深入学习领会习近平总书记关于网信工作“十个坚持”的重要原则

2023 年 7 月，党中央召开全国网络安全和信息化工作会议，习近平总书记就网络安全和信息化工作作出重要指示，充分肯定了党的十八大以来网信事业取得的成就，深刻阐述新时代新征程网信事业的重要地位作用，鲜明提出网信工作的使命任务，明确了“十个坚持”的重要原则，提出坚持党管互联网，坚持网信为民，坚持走中国特色治网之道，坚持统筹发展和安全，坚持正能量是总要求、管得住是硬道理、用得好是真本事，坚持筑牢国家网络安全屏障，坚持发挥信息化驱动引领作用，坚持依法管网、依法办网、依法上网，坚持推动构建网络空间命运共同体，坚持建设忠诚干净担当的网信工作队伍。要深入学习领会习近平总书记的重要指示，充分认识“十个坚持”是习近平总书记关于网络强国的重要思想的重要组成部分，充分认识党的十八大以来网信事业取得重大成就，最根本在于有习近平总书记领航掌舵，有习近平新时代中国特色社会主义思想科学指引。要以“十个坚持”重要原则为指导，加快构建大网络安全格局，筑牢国家网络安全屏障，打造关键信息基础设施坚固防线。

（二）深入学习领会习近平总书记关于网络安全工作的重要指示

2019 年 9 月，在国家网络安全宣传周开幕之际，习近平总书记对网络安全工作作出重要指示，提出：“要坚持网络安全为人民、网络安全靠人民，保障个人信息安全，维护公民在网络空间的合法权益。要坚持网络安全教育、技术、产业融合发展，形成人才培养、技术创新、产业发展的良性生态。要坚持促进发展和依法管理相统一，既大力培育人工智能、物联网、下一代通信网络等新技术应用，又积极利用法律法规和标准规范引导新技术新应用。要坚持安全可控和开放创新并重，立足于开放环境维护网络安全，加强国际交流合作，提升广大人民群众在网络空间的获得感、幸福感、安全感。”习近平总书记的重要指示，明确了网络安全工作的性质宗旨、方法路径，阐释了国家安全和人民安全、促进发展和依法管理、安全可控和开放创新等网络安全重大关系，是新时代加强网络安全保障体系建设的行动指南，为做好关键信息基础设施安全保护工作提供了科学指引。

（三）深入学习领会习近平总书记关于关键信息基础设施安全保护工作的重要论述

关键信息基础设施涉及公共通信和信息服务、能源、交通、水利、金融、公共服务、电子政务、国防科技工业等重要行业和领域，一旦遭到破坏、丧失功能或者数据泄露，可能严重危害国家安全、国计民生、公共利益等。习近平总书记多次对关键信息基础设施安全保护工作提出明确要求，指出，“金融、能源、电力、通信、交通等领域的关键信息基础设施是经济社会运行的神经中枢，是网络安全的重中之重，也是可能遭到重点攻击的目标”，“不出问题则已，一出就可能导致交通中断、金融紊乱、电力瘫痪等问题，具有很大的破坏性和杀伤力”，“要强化不同地区、不同行业、不同领域关键信息基础设施之间的威胁信息共享，加强协同应对，着力构建全国一体化的关键信息基础设施安全保障体系”，“要落实关键信息基础设施防护责任，行业、企业作为关键信息基础设施运营者承担主体防护责任，主管部门履行好监管责任”。这些重要论述深刻揭示了关键信息基础设施的本质特征、发展规律和演进方向，科学阐释了关键信息基础设施安全保护工作的总体要求、主要目标和重点任务，我们必须深入学习领会，把握精神实质，全力做好落实。

二、充分认识关键信息基础设施面临的严峻形势，深刻理解统筹关键信息基础设施安全和发展的内在逻辑

近年来，国际国内针对关键信息基础设施的重大网络安全事件频发，攻击手段呈现出专门化、隐蔽化、高破坏性等趋势，有国家背景的黑客组织实施的高级持续性威胁（APT）攻击明显增多，对国家安全和经济社会稳定运行造成严重影响。

国际方面，针对关键信息基础设施的网络攻击活动涉及全球多个国家和地区。2010 年，伊朗核设施遭到网络攻击，导致近 20% 铀浓缩离心机被破坏。2015 年，乌克兰电力公司遭受网络攻击，30 个变电站运行中断，造成大量居民用户停电。2017 年，“永恒之蓝”勒索病毒在全球暴发，波及银行、电力、通信等多个领域，影响范围超过

150 个国家。2021 年，美国最大燃油管道运营商科洛尼尔遭受网络攻击，导致承担了美国东岸近 45% 燃油供应、长达 5500 英里的运输管道被迫关闭。2023 年，日本最大货物港口名古屋港被黑客攻击，导致 5 个集装箱码头装卸作业暂停，2 万多个集装箱运输受到影响。防范针对关键信息基础设施的网络攻击，已成为世界各国面对的共同难题。

国内方面，我国是全球网络攻击的主要受害国，金融、能源、电力、通信、交通等重要行业领域基础设施面临严峻威胁。国家互联网应急中心统计显示，我国捕获计算机恶意程序样本数量每年超过 4000 万个，境外 5.2 万台服务器控制了境内超过 400 万台主机。北京冬奥会期间，“北京健康宝”等网络平台遭受来自境外的大流量 DDoS（分布式拒绝服务）攻击。2022 年 4 月，西北工业大学发现长期遭受美国国家安全局下属机构网络入侵，该组织还对我国内网络目标实施了上万次恶意网络攻击，控制了数以万计网络设备，窃取了超过 140GB 的高价值数据。随着数字化转型深入推进，针对关键信息基础设施的网络攻击将持续保持高位，数据窃密、内容篡改、控制渗透等入侵行为愈加突出，国家安全、社会稳定和人民群众公共利益面临严峻威胁。

总的看，伴随各行业领域数字化转型深入推进，关系国计民生的公共服务越来越多依托网络和信息技术，关键信息基础设施对经济社会运行和人们生产生活的基础性、支撑性作用日益凸显，深刻改变了传统生产方式和发展模式，促进了产业转型升级、社会治理模式创新、民生保障服务优化。关键信息基础设施能否安全稳定运行，已成为经济社会健康有序发展的重要前提，一旦发生安全问题，不仅影响网络和信息系统本身，还会向物理空间传导扩散，甚至造成交通中断、金融紊乱、电力瘫痪等情况，影响国家安全、国计民生。必须坚持安全和发展并重，以关键信息基础设施高水平安全保障经济社会高质量发展。

三、坚决贯彻党中央关于网络安全工作的决策部署，加快构建关键信息基础设施安全保障体系

（一）抓顶层谋划，政策法规体系“四梁八柱”基本形成

近年来，我国加快制定出台关键信息基础设施安全保护相关法律法规，为开展关键信息基础设施安全保护工作提供有力法治保障。

《网络安全法》是我国网络安全基础性法律，规定了国家网络安全工作基本原则、主要任务，其中第三章专门对关键信息基础设施运行安全提出具体要求，从国家、行业、运营者三个层面，明确了关键信息基础设施安全保护中各方实体的责任义务，推动了权责清晰的管理体系建设。

《数据安全法》是我国数据安全领域基础性法律，确立了数据安全保护管理的各项基本制度、数据安全保护义务、数据安全工作职责等，对关键信息基础设施运营者在运营中收集和产生的重要数据出境安全管理提出了明确要求。

《关键信息基础设施安全保护条例》是规范关键信息基础设施安全保护的专门法规，规范了安全保护工作的具体要求和措施，明确了监督管理体制、运营者责任义务、保障促进措施、法律责任等方面

要求。

《党委（党组）网络安全工作责任制实施办法》以党内法规的形式规定了行业主管监管部门和地方党委（党组）在网络安全保护工作方面的主要职责，明确了关键信息基础设施发生重大网络安全事件时的追责要求，压实了各方责任。

《信息安全技术　关键信息基础设施安全保护要求》等国家标准为运营者落实法律法规提供操作指引，规划设计了关键信息基础设施安全保护标准体系框架，指导后续标准研制工作有序开展。

（二）抓安全供给，供应链安全防护水平有效提升

当前，网络产品集成化、软件系统复杂化、供应链多元化等趋势愈发明显，关键信息基础设施大量使用第三方网络产品和服务，网络产品和服务的安全水平直接影响关键信息基础设施整体安全。

为确保关键信息基础设施供应链安全，维护国家安全，我国制定出台了《网络安全审查办法》，规定关键信息基础设施运营者采购网络产品和服务，影响或者可能影响国家安全的，应当申报网络安全审查。通过审查及早发现网络产品和服务在关键信息基础设施应用上的安全风险，从源头强化关键信息基础设施供应链安全。

随着云计算技术广泛应用，越来越多的关键信息基础设施上云用云。为加强党政机关、关键信息基础设施运营者等重点行业领域采购使用云计算服务安全，我国建立了云计算服务安全评估制度，对面向党政机关和关键信息基础设施提供服务的云平台开展安全评估，切实提高关键信息基础设施用云安全可控水平。

（三）抓基础保障，数据安全防线日益完善

随着数字经济快速发展，金融、能源、电力、通信、交通等重要行业领域关键信息基础设施服务范围更加广泛，承载数据规模不断扩大，对数据安全保护尤其是数据跨境安全管理的需求日益迫切。

我国加快建立健全数据出境安全管理制度，制定出台《数据出境安全评估办法》，按照数据分类分级管理、促进数据安全有序流动的思路，明确关键信息基础设施运营者和处理个人信息超过 100 万的个人信息处理者，向境外提供重要数据和个人信息应当通过国家网信部门组织的数据出境安全评估。加强重点领域数据安全和个人信息保护专项检查整治，赴相关行业进行现场督导，督促消除风险隐患。

（四）抓应急处置，网络安全事件协同应对能力显著提高

及时有效处置网络安全事件，是保障关键信息基础设施安全的重要环节。要强化不同地区、不同行业、不同领域关键信息基础设施之间的威胁信息共享，加强协同应对。

我国制定出台了国家网络安全事件应急预案，设立国家网络安全应急办公室，开展网络安全应急跨部门、跨地区协调，建立完善“横向联动、纵向贯通”的网络安全应急指挥体系和联动处置机制，2023 年累计通报处置网络安全事件风险 1.3 万起。正研究制定网络安全事件报告管理办法，细化网络安全事件分级标准，规范网络安全事件报告具体事项内容，完善事件报告工作机制，促进解决网络安全事件瞒报、迟报、漏报等实际问题，预防和减小网络安全事件造成的损失和危害。

（五）抓风险防控，应对新技术新应用带来的新挑战

当前，以人工智能、物联网为代表的新技术新应用向关键信息基础设施领域广泛渗透，在赋能提升关键信息基础设施服务国计民生能力、提高生产效率的同时，也带来不可忽视的安全风险。

针对新技术新应用“双刃剑”的属性，我国注重加强安全防护方面前瞻布局。出台《全球人工智能治理倡议》《生成式人工智能服务管理暂行办法》，研究制定人工智能安全治理框架，推动人工智能健康发展和规范应用，为有效利用人工智能技术促进高质量发展保驾护航。

坚持以技术对技术、以技术管技术，利用人工智能技术等先进技术加强关键信息基础设施安全防护，提高网络安全威胁监测发现的准确性和效率，提升应对复杂威胁和新型攻击的能力。

四、适应新形势新任务新要求，创新提升关键信息基础设施安全水平

（一）科学界定保护对象，进一步明确关键信息基础设施范围

明确保护对象是做好重点保护的前提。针对网络安全形势发展和关键信息基础设施服务形态、业务范围动态变化情况，制定关键信息基础设施认定工作指南，完善关键信息基础设施认定规则，按照分类管理、分级保护的思路，将相关行业领域影响国家安全、国计民生、公共利益的重要网络设施、信息系统均纳入关键信息基础设施保护范围，同时做到系统边界清晰，资源构成准确，便于集中各方优势资

源，加强重点防护。当前，部分大型互联网平台收集掌握海量用户信息、承载关键业务系统，一旦发生安全问题可能对国家安全和社会稳定带来影响。研究将相关大型互联网平台纳入关键信息基础设施保护范围，指导其按照关键信息基础设施保护要求提升防护水平。各地方参照国家相关法律法规和标准规范，试点建立省级关键信息基础设施安全保护制度，将主要面向本地区提供公共服务的网络平台等重要信息系统确定为省级关键信息基础设施进行重点保护。

（二）压实运营者主体责任，进一步推进关键信息基础设施保护措施落实落细

运营者承担关键信息基础设施的建设、运行、维护等工作，是保障关键信息基础设施安全的第一责任单位，要全面落实安全保护主体责任，建立健全网络安全保护制度和责任制，按照网络安全等级保护第三级或更高要求建立防护措施，积极部署零信任等新型网络安全架构，强化系统和数据灾难备份建设，提升快速恢复能力，建立健全网络安全应急响应机制，防止风险扩散。针对关键信息基础设施运营者安全能力“看不见”“摸不着”、难以量化评估的问题，研究建立关键信息基础设施安全防护能力评估指标体系，形成可操作可量化的评估方法，定期开展安全评估，掌握关键信息基础设施安全保护能力现状，及时发现问题、补足短板，推动关键信息基础设施安全保护水平不断提升。

（三）构建联合防御体系，进一步提升关键信息基础设施协同防护能力

我国关键信息基础设施等重要保护对象数量大、类型多、分布广，安全形势严峻复杂，仅靠“各家自扫门前雪”的分兵把守，难以应对日益猖獗的国家级、高强度、高隐蔽、有组织的网络攻击。要坚持梯次布防、纵深防御、协同应对的防护理念，全国一张网、一盘棋，健全态势感知、信息共享、联合研判、威胁预警、追踪溯源机制，形成体系化防御能力。进一步明确部门、行业、机构在关键信息基础设施安全保护中的工作职责，健全完善国家关键信息基础设施保护的责任体系，保护工作部门作为主管监管部门，要落实好监督管理责任，指导本行业领域关键信息基础设施运营者加强网络安全防护建设、应对处置网络安全事件，督促整改网络安全问题。国家网信部门和有关职能部门做好统筹协调、指导监督等工作，调度国家层面网络安全资源，为关键信息基础设施提供攻击流量清洗、恶意访问阻断等服务支持，实现重点防护对象网络攻击的一点发现、全网防御，有效应对国家级网络攻击、停服断网等重大网络安全威胁。

2024 年是习近平总书记提出总体国家安全观 10 周年。面向新时代新征程，我们要更加紧密地团结在以习近平同志为核心的党中央周围，深入学习贯彻习近平新时代中国特色社会主义思想特别是习近平总书记关于网络强国的重要思想，全面贯彻总体国家安全观，统筹发展和安全，持续完善关键信息基础设施安全保护制度机制，加快提升关键信息基础设施安全水平，切实保障经济社会高质量发展。

维护国家生态安全
筑牢美丽中国建设的安全根基

生态环境部副部长、党组成员　赵英民

生态安全是国家安全的重要组成部分，是经济社会持续健康发展的重要保障。以习近平同志为核心的党中央高度重视维护生态安全工作，将生态安全纳入国家安全总体战略，对健全国家生态安全体系、增强维护国家生态安全能力作出一系列部署。我们要全面践行习近平生态文明思想和总体国家安全观，深入学习贯彻习近平总书记关于国家安全的重要讲话和指示批示精神，统筹发展和安全，持续推进生态安全体系和能力现代化，夯实美丽中国建设的安全根基。

一、深刻领会新时代新征程维护国家生态安全的重大意义

党的十八大以来，习近平总书记赴全国各地考察调研，两次出席全国生态环境保护大会，对维护生态安全发表一系列重要讲话，作出一系列重要指示批示，赋予了维护生态安全工作新的历史使命和责任

担当。我们要站在建设人与自然和谐共生美丽中国、实现中华民族永续发展的战略高度，深刻认识和把握生态安全工作的极端重要性，把维护生态安全工作贯穿到经济社会发展各方面全过程，筑牢国家生态安全防护体系。

（一）维护生态安全是建设人与自然和谐共生现代化的内在要求。习近平总书记强调，要贯彻总体国家安全观，积极有效应对各种风险挑战，保障我们赖以生存发展的自然环境和条件不受威胁和破坏，守牢美丽中国建设安全底线；要把建设美丽中国摆在强国建设、民族复兴的突出位置，以美丽中国建设全面推进人与自然和谐共生的现代化。生态安全是建设美丽中国的重要根基，既包括支撑人与自然生存发展的生态系统，又包括妥善应对内外重大生态环境问题的能力，共同构成建设人与自然和谐共生现代化的基础保障。当前，我国新型工业化、城镇化、农业现代化叠加发展，不同阶段、不同领域的各种问题相互交织、集中出现，建设人与自然和谐共生的现代化呈现出时空压缩、任务复合、压力叠加等特征，生态环境保护结构性、根源性、趋势性压力尚未根本缓解。全面推进美丽中国建设，加快推进人与自然和谐共生的现代化必须守牢生态安全底线，加强重要生态空间保护，巩固提升资源环境承载力，减少人居环境健康隐患，妥善应对国内外生态环境挑战，不断创造更优美的生活环境、更清洁的生产空间、更优质的生态产品。

（二）维护生态安全是保障国家安全和社会稳定的重要基础。习近平总书记指出，国家安全是民族复兴的根基，社会稳定是国家强盛的前提，要夯实国家安全和社会稳定基层基础，建设更高水平的平安中国。生态安全是国家安全的重要组成部分，具有综合性、复杂性特征，与经济安全、社会安全、资源安全等领域风险交织、缠绕，关乎中国式现代化进程。我国经济社会发展已进入加快绿色化、低碳化的高质量发展阶段，生态文明建设仍处于压力叠加、负重前行的关键期，生态系统退化、资源约束趋紧、生物多样性锐减、极端气候频发等生态安全问题日益突出，对国家安全和社会稳定的威胁不容忽视。必须健全生态安全体系，准确把握生态安全风险演变趋势，加强安全体系和保障能力建设，积极防范生态安全风险向经济、社会、政治、外交等领域蔓延，以新安全格局保障新发展格局。

（三）维护生态安全是增进人民群众生态环境福祉的现实需要。习近平总书记强调，良好的生态环境是最普惠的民生福祉；人民群众对生态环境改善的新期待越来越高，必须保持战略定力，锲而不舍、久久为功，持续深入打好污染防治攻坚战，不获全胜决不收兵。生态安全风险由生态环境问题累积产生，加强生态安全风险防范与解决突出生态环境问题本质上是一体的。生态安全风险防范将有力地推动生态环境问题治理进程，为解决影响人居环境健康的突出问题提供有效路径。城市重污染天气、黑臭水体、新化学物质和土壤重金属污染等问题，长期可演化为河湖生态系统严重失衡、土壤污染累积危害、生物多样性丧失等生态安全问题。持续改善生态环境质量，必须坚持系统观念和底线思维，提升研判评估、监测预警、应急应对和处置能力，积极有效应对生态环境领域各种风险挑战，以生态安全风险的科学应对处置带动解决人民群众关心的突出生态环境问题。

（四）维护生态安全是应对全球生态环境挑战的战略选择。习近平总书记指出，面对生态环境挑战，人类是一荣俱荣、一损俱损的命运共同体，没有哪个国家能独善其身；我们要站在对人类文明负责的高度，共建人与自然生命共同体，共建繁荣、清洁、美丽的世界。伴随经济全球化进程，全球气候变暖背景下酸雨蔓延、森林锐减、土地荒漠化、海洋污染等问题不断凸显，叠加国际政治经济形势不稳定、不确定、难预料趋势，全球生态环境挑战进一步加大，生态环境问题政治化趋势增强，威胁全球安全稳定。生态安全无国界，面对这些全球性危机，没有哪个国家能够独自应对或置身事外，必须共谋全球生态文明建设之路，以更高站位、更宽视野、更大力度来谋划和推进生态安全工作，加强应对气候变化、海洋污染治理、生物多样性保护等领域国际合作，认真履行国际公约，共同打造绿色“一带一路”，实现由全球环境治理参与者到引领者的重大转变，为构建人类命运共同体贡献中国智慧、中国力量。

二、准确把握我国生态安全工作进展成效

在习近平新时代中国特色社会主义思想的科学指引下，在中央国安委的领导下，各地各相关部门深入学习贯彻习近平生态文明思想和总体国家安全观，国家生态安全工作协调机制发挥牵头抓总作用，聚焦突出问题和重大风险，深化前瞻研判、过程监测和末端应对，持续完善国家生态安全体系，安全保障基础进一步夯实，维护国家生态安全实现了由重点推进到系统推进、由被动应对到主动谋划的历史性转变。经过不懈努力，实现生态保护一条红线管控重要生态空间，森林、草原、湿地、河湖生态恶化趋势得到明显遏制，水土流失面积强度“双下降”，实现由“沙进人退”到“绿进沙退”，重污染天气、

黑臭水体、“洋垃圾”问题得到有效解决，二氧化碳排放快速增长态势得到扭转，国际合作于我有利局面正在形成。

（一）生态空间格局总体稳定。落实主体功能区战略，全面实施国土空间规划，深入落实“三区三线”划定成果，形成永久基本农田、生态保护红线、城镇开发边界分界围合、重点管控的生态安全空间维护体系，重要生态安全屏障区、重点生态功能区、以国家公园为主体的自然保护地体系基本确立。落实最严格的水资源管理制度，坚持以水定产、以水定城，实行水资源消耗总量和强度双控。深化中央生态环境保护督察、“绿盾”自然保护地强化监督，开展生态状况变化调查评估，生态保护修复监管制度基本建立。截至 2023 年，自然生态系统总面积占陆域面积比重稳定在 78.6% 左右，陆域生态保护红线面积占陆域国土面积比例超过 30%。

（二）生态系统功能巩固提升。实施山水林田湖草沙一体化保护和修复重大工程，深入推进防护林工程建设和天然林保护修复，治理断流河流和萎缩干涸湖泊，专项推进“三江源”、秦岭等特殊敏感区域生态系统保护，开展母亲河复苏行动“一河（湖）一策”重大工程建设，扭转森林、草原、湿地、河湖、农田、海洋等生态系统持续退化趋势。据调查评估，全国生态系统多样性稳定性持续性得到提升，自然生态系统质量优良等级面积占比超过低差等级，森林面积和蓄积量连续 30 多年保持“双增长”，全国水源涵养、土壤保持、防风固沙、固碳能力过去 20 年分别提升 0.32%、1.08%、31.67% 和 50.1%，黄河流域植被“绿线”西移约 300 公里，我国成为世界上少数几个红树林面积净增加国家之一。

（三）突出环境问题加快解决。持续打好蓝天、碧水、净土保卫战，协同推进重污染天气消除、城市黑臭水体治理、重点海域综合治理、农业农村污染治理、长江保护修复、黄河生态保护治理等标志性战役，形成统筹地上和地下、城市和农村、陆域和海洋、传统污染和新污染物协同治理格局。截至 2023 年，全国细颗粒物（$PM_{2.5}$）达到 30 微克 / 立方米，地表水水质优良（Ⅰ—Ⅲ）断面比例达到 89.4%，劣Ⅴ类断面水体比例下降到 0.7%，地级及以上城市黑臭水体基本消除，农村生活污水治理（管控）率达到 40% 以上，受污染耕地安全利用率达到 91%，近岸海域优良（一、二类）水质面积比例达 85%。

（四）生态环境风险有效防控。统筹累积性灾害和突发性风险，加强水土流失治理、塌陷区综合治理、岩溶地区石漠化治理，建立地质灾害、气象灾害和森林火灾应对体系，严密防控危险废物、化学品、尾矿库、重金属等生态环境风险，妥善应对突发环境事件。“十三五”期间累计治理沙化和石漠化土地约 12 万平方千米，沙尘暴天气次数明显减少，华北地区浅层地下水水位持续多年下降后止跌回升。截至 2023 年，完成 1067 个县（市、区）地质灾害风险普查调查，地质灾害总体趋势接近近 5 年平均水平；长江经济带 1136 座尾矿库、黄河流域 235 座尾矿库完成问题整改；编制完成 1966 条重点河流“一河一策一图”环境应急响应方案，突发环境事件年发生数量近 10 年下降约 70%。

（五）生态环境领域国际影响力显著增强。积极参与及引领全球气候治理进程，积极稳妥推进碳达峰碳中和，认真履行生态环境国际公约，彰显负责任大国形象。加强中美、中欧气候领域对话，推动《联合国气候变化框架公约》第二十八次缔约方大会（COP28）取得积极成果。成功召开联合国《生物多样性公约》第十五次缔约方大会

（COP15），推动达成“昆明—蒙特利尔全球生物多样性框架”。倡导建立“一带一路”绿色发展国际联盟和“一带一路”生态环保大数据服务平台。持续深化应对气候变化“南南合作”，累计安排资金超过12亿元。我国已建成全球规模最大的碳市场和清洁发电体系，以年均3%的能源消费增速支撑了年均超过6%的经济增长，成为全球能耗强度降低最快的国家之一。

（六）生态安全保障能力不断提升。强化国土空间用途管制，编制印发长三角、长江经济带等重点区域国土空间规划。加强自然资源资产离任审计，建立自然资源资产负债表制度。加大生态安全领域督察执法力度，开展三轮中央生态环境保护督察、“绿盾”自然保护地强化监督、“昆仑”等专项整治行动。建立并深入实施排污许可、生态保护补偿、生态环境损害赔偿等制度，加快建设危险废物“1+6+20”重大工程。完善陆海统筹、天地一体、上下协同、信息共享的生态环境监测网络，设立第一批55个生态质量综合监测站。

这些成效的取得，根本在于有习近平总书记作为党中央的核心、全党的核心掌舵领航，在于有习近平新时代中国特色社会主义思想特别是习近平生态文明思想和总体国家安全观的科学指引，也得益于各地各有关部门的通力协作、狠抓落实。在看到成绩的同时，也要清醒地认识到，我国生态环境稳中向好的基础还不牢固，生态空间侵占问题仍然存在，部分区域生态系统退化趋势尚未根本扭转，重点领域环境问题仍然突出，自然灾害、突发环境事件呈频发态势，全球化生态环境挑战趋增，生态安全保障能力还存在不少短板，亟须进一步加大力度，持续健全生态安全体系，筑牢生态安全防线。

三、进一步深化对维护国家生态安全的规律性认识

总体国家安全观是新时代国家安全工作的根本遵循和行动指南。我们要深入学习领会总体国家安全观的重大意义、核心要义、精神实质、丰富内涵和实践要求，更加自觉地用总体国家安全观指导生态安全工作，加强对国家安全工作规律的认识、把握和应用，提高应对风险挑战能力，把总体国家安全观贯彻落实到维护生态安全工作实践中。

一是必须统筹高质量发展和高水平安全。习近平总书记强调，发展和安全是一体之两翼、驱动之双轮，要让发展和安全两个目标有机融合、实现高质量发展和高水平安全的良性互动，努力建久安之势、成长治之业。生态安全作为高水平安全的重要内容，为高质量发展提供了重要的生态空间、生态资源和人居环境，同时在高质量发展中实现生态效益增值和安全保障提质。当前，我国绿色低碳发展水平整体还不高，结构性压力尚未根本缓解，高质量发展内生动力不足，同时生态本底脆弱、历史欠账较多，高水平生态安全的根基还不稳固。要统筹高质量发展和高水平安全，把资源环境承载力作为前提和基础，推动发展实现质的有效提升和量的合理增长，同时要提高生态安全保障水平，筑牢生态安全屏障，持续改善生态环境质量，严密防范生态环境风险，主动塑造于我有利的内外部环境。

二是必须处理好长期安全和短期稳定关系。习近平总书记多次强调，要注意处理好长期目标和短期目标的关系。这为我们抓好生态安全工作提供了重要的方法指引。生态安全是生态系统自然发育

和人类活动共同作用的结果，从风险特质看，既表现为突发环境事件、重大自然灾害等短期波动性风险，也表现为森林生态系统退化、气候变暖等趋势性慢变量风险；从风险研判看，需要常态化监测分析，也需要长期跟踪调查；从风险应对看，需要短平快的应急处置，更需要久久为功、高瞻远瞩的谋划应对。生态安全短期稳定与长期安全还可能表现为此消彼长的关系，如气候变暖短期内导致高寒地区气温升高、冰川消融、降水增加，森林草地生态系统退化得到扭转，但长期看冰川物质消耗殆尽、降水不可持续，可能引发更大范围生态系统失衡。必须立足全局和长远、保持战略定力，加强对生态安全风险长短周期的研判和应对，在短期稳定的基础上实现长期安全。

三是必须协同推进生态环境领域安全。习近平总书记强调，总体国家安全观的关键是“总体”，强调大安全理念，涵盖政治、军事、国土、经济、金融、文化、社会、科技、网络、粮食、生态、资源等诸多领域，而且将随着社会发展不断动态调整。这是做好国家安全工作的系统思维和方法，对维护生态安全具有十分重要的指导意义。生态安全内涵丰富、要素多元、范围广阔，包括生态空间安全、生态系统安全、人居环境安全、资源承载安全、全球化生态环境应对安全等，这些领域的风险往往呈现多重、复杂、跨区域特点。维护国家生态安全，必须坚持系统思维，协调好全国与局部地区的生态空间保护，处理好复合生态系统和单要素生态系统关系，管控好多要素环境污染叠加迁移风险，全面系统推进资源可持续开发，构建着眼全局、分类施策、分项推进的生态安全工作格局。

四是必须把防范化解生态安全风险摆在突出位置。习近平总书记强调，要始终有强烈的忧患意识、风险意识，做到居安思危、知危图安；必须树立底线思维，把困难估计得更充分一些，把风险思考得更深入一些，注重堵漏洞、强弱项，提高防控能力，用大概率思维应对小概率事件，牢牢守住不发生系统性风险的底线。目前，我国生态安全风险不容忽视，重点领域环境隐患仍然突出，安全生产、交通运输等领域次生的突发环境事件居于高位，森林草原火灾、地质灾害、地面沉降、极端天气等灾害多发频发，对生态安全稳定造成重大威胁。必须坚持底线思维，把防范化解生态安全风险作为重中之重，既要高度警惕"黑天鹅"，也要防范"灰犀牛"；强化风险意识，提高风险研判、调查评估、监测预警能力，科学预见和准确把握风险发展态势；下好先手棋，做好应对各种风险挑战的准备，及时采取应对措施，力争把风险化解在源头，不让小风险演化为大风险，不让个别风险演化为综合风险，不让局部风险演化为区域性或系统性风险。

五是必须着力完善应对国家安全风险综合体。习近平总书记强调，要推进维护和塑造国家安全手段方式变革，创新理论引领，完善力量布局，推进科技赋能，实时监测、及时预警；要健全国家安全体系，强化国家安全工作协调机制，完善重点领域安全保障体系。生态安全风险点多面广线长，需要找准着力点，坚持全局谋划、综合施策。要站在党和国家事业发展全局高度，跳出地区部门视野局限和利益束缚，强化信息共享、会商研判和协作合力；坚持全链条推进、打好组合拳，强化生态安全风险的全面摸排和形势研判，加强过程监测预警，提前做好应对处置，时刻警惕生态安全领域的极端情况，将生态安全风险防范于未然；坚持平战结合、形成合力，理顺生态安全各领域日常业务工作与专项工作的关系，调动各有关部门资源力量，加快形成重点领域分兵把手、重点区域专项突破、重大风险有效防控的良好局面。

四、在筑牢美丽中国建设安全根基中展现新作为

党的二十大对推进国家安全体系和能力现代化作出战略部署，全国生态环境保护大会对切实维护生态安全、守牢美丽中国建设安全底线作出系统安排。新时代新征程，要坚持以习近平新时代中国特色社会主义思想为指导，全面贯彻党的二十大精神，深入贯彻习近平生态文明思想和总体国家安全观，进一步完善国家生态安全体系，积极应对生态环境领域各种风险挑战，为建设人与自然和谐共生的美丽中国提供坚强保障。

（一）扛牢维护生态安全政治责任。坚持党对国家安全工作的绝对领导，深入学习贯彻习近平总书记关于国家安全的重要论述，牢牢把握以新安全格局保障新发展格局的重大要求，坚决维护集中统一、高效权威的国家安全领导体制。落实党委（党组）国家安全责任制，科学研究、会商研判重点领域、重点区域生态安全风险，部署推进生态安全重点工作，确保各项任务不折不扣落实落地。完善国家生态安全工作协调机制，加强与经济安全、资源安全等领域协作，健全国家生态安全法治体系、战略体系、政策体系、应对管理体系，提升国家生态安全风险研判评估、监测预警、应急应对和处置能力，加强对各地各有关部门的督促指导，形成全域联动、立体高效的国家生态安全

防护体系。

（二）推进生态空间优化和资源开发管制。在国土空间管控指标约束下，统筹优化农业、生态、城镇等各类空间布局。严格控制城镇开发边界内耕地增量空间的开发，优先保护城市周边永久基本农田和优质耕地。规范管控对生态保护红线生态功能不造成破坏的有限人为活动，强化对生态保护红线实施情况、生态环境保护的监督管理。实行分类分级分区管控，形成以国家公园为主体、自然保护区为基础、各类自然公园为补充的自然保护地体系。引导城镇建设用地向城镇开发边界内集中，促进城镇集约集聚建设。严格用水总量和强度指标管控，严格取用水总量控制和生态用水保障，加快地下水超采区、禁采区、限采区划定，全面推进重点区域地下水超采综合治理。加强煤矿项目核准和开采准入管理，推进矿区生态环境治理修复。

（三）增强生态系统服务功能和承载力。加快实施山水林田湖草沙一体化保护和修复工程、重要生态系统保护和修复重大工程，全力打好科尔沁和浑善达克沙地歼灭战、黄河“几字湾”攻坚战、河西走廊—塔克拉玛干沙漠边缘阻击战三大标志性战役。持续开展中央生态环境保护督察、“绿盾”自然保护地强化监督，加强生态破坏问题排查整治。加强全国水土流失动态监测，强化严重区域水土流失退化、荒漠化综合防治。持续开展打击毁林毁草专项行动，加强森林草原防灭火。推动湿地河湖生态恢复，加强我国国际重要湿地、国家重要湿地保护与恢复，开展破坏湿地问题专项整治行动、互花米草防治专项行动。加快实施永定河、洞庭湖等重点河湖综合治理与生态修复，纵深推进河湖库“清四乱”。加强东北黑土退化、南方土壤酸化和北方土壤盐渍化综合治理。加强野生动植物保护，强化鸟类迁徙通道保护，打击破坏野生动植物资源违法犯罪行为。加强海洋渔业资源环境保护，坚定实行长江十年禁渔。

（四）持续深入打好污染防治攻坚战。落实《空气质量持续改善行动计划》，强化源头管控、多污染物协同控制和区域污染协同治理。做好重污染天气应对，深化京津冀及周边地区等重点区域大气污染联防联控，强化重污染天气绩效分级差异化管控。统筹水资源、水环境、水生态治理，深入推进长江、黄河等大江大河和重要湖泊保护治理，加强长江流域总磷污染控制和黄河主要支流治理，深化工业园区水污染整治，实施黑臭水体整治行动。加强土壤污染源头防控，整县推进耕地土壤污染源排查整治，严格土壤污染重点监管单位和地下水污染防治重点排污单位环境监管，因地制宜梯次推进农村生活污水治理和水产养殖污染防治。推动大宗固体废物循环利用，落实新污染物治理行动方案，持续实施重金属减排工程，以长江经济带、黄河流域等为重点加强尾矿库污染治理。推动重点河流“一河一策一图”编制全覆盖，分批推进化工园区“一园一策一图”试点工作，加强环境应急能力建设，及时妥善科学处置各类突发环境事件。

（五）有效应对气候变化不利影响和风险。加强气候变化观测网络建设，强化监测、预测、预警和风险评估，开展气候变化与低温雪灾、极端降雨、高温热浪、海平面上升等关联影响研究。提高适应气候变化特别是应对极端天气和气候事件能力，加强基础设施与重大工程气候变化风险管理，深化低碳城市、气候适应型城市建设试点，持续提升城市、农业等领域气候韧性。加强消耗臭氧层物质和氢氟碳化物环境管理，实施《甲烷排放控制行动方案》，研究制定其他非二氧化碳温室气体排放控制行动方案。进一步发展全国碳市场，稳步扩大行业覆盖范围，丰富交易品种和方式，建设完善全国温室气体自愿减排交易市场。积极参与应对气候变化国际谈判，引领全球气候治理，推动《联合国气候变化框架公约》第二十九次缔约方大会（COP29）取得积极成果。

（六）积极主动应对全球性生态挑战。推动构建人类命运共同体，建设性参与国际环境公约、重要国际环境进程谈判，全面落实“昆明—蒙特利尔全球生物多样性框架”。加强生物多样性保护、重点区域环境污染治理、防沙治沙等领域合作，开展生态环境保护基础研究合作。高质量运行中国环境与发展国际合作委员会。推动“一带一路”绿色发展，实施绿色丝路使者计划、“一带一路”生态环保人才互通计划等能力建设项目，支持“一带一路”绿色发展国际联盟建设。扎实推动中蒙荒漠化防治合作，共同应对东北亚地区沙尘暴问题。加强中韩、中日海洋生态治理、海洋塑料垃圾治理、渔业发展等方面合作。坚持共同但有区别的责任原则，推动构建公平合理、合作共赢的全球环境气候治理体系，为维护全球可持续发展作出应有贡献。

以总体国家安全观为引领 扎实做好商务领域国家安全工作

商务部党组成员、副部长　郭婷婷

2024年是习近平总书记提出总体国家安全观10周年。10年来，以习近平同志为核心的党中央统筹国内国际两个大局、统筹发展安全两件大事，把坚持总体国家安全观纳入坚持和发展中国特色社会主义基本方略，为新时代全面加强国家安全工作指明了前进方向、提供了根本遵循。商务工作是国内大循环的重要组成部分，是联结国内国际双循环的重要枢纽，在构建新发展格局中发挥着重要作用，在国家安全工作大局中承担着重要责任。我们将坚持以习近平新时代中国特色社会主义思想为指导，深入贯彻落实总体国家安全观，牢记“国之大者”，不断健全与高水平开放相适应的安全保障体系，推动商务高质量发展和高水平安全深度融合。

一、深入学习贯彻习近平总书记重要论述精神，提高落实总体国家安全观的思想认识

习近平总书记关于总体国家安全观的重要论述，着眼于强国建

设、民族复兴的宏伟目标，丰富拓展了国家安全的内涵和外延，深刻阐释了做好国家安全工作的理论意义、时代意义和实践意义，把我们党对国家安全的认识提升到新的境界和高度。

（一）做好国家安全工作是推进中国式现代化的必然要求。习近平总书记在党的二十大报告中对全面建成社会主义现代化强国、以中国式现代化全面推进中华民族伟大复兴作出全面部署，对推进国家安全体系和能力现代化作出专章论述，强调国家安全是民族复兴的根基，要求把维护国家安全贯穿党和国家工作各方面全过程。学习领会习近平总书记重要论述精神，我们深切感到，中国式现代化是一项系统工程，是包括国家安全体系和能力现代化在内的各方面现代化。同时，只有加快推进国家安全体系和能力现代化，才能为实现中国式现代化提供坚实支撑和坚强保障。新时代新征程上，必须坚持系统观念，深刻把握“中国式现代化”和“国家安全体系和能力现代化”之间的内在有机联系，树牢“大安全”理念，提升国家安全工作主动性针对性实效性，更好助推中国式现代化行稳致远。

（二）做好国家安全工作是实现高质量发展的必要前提。习近平总书记在中央经济工作会议上强调，必须把坚持高质量发展作为新时代的硬道理，完整、准确、全面贯彻新发展理念，推动经济实现质的有效提升和量的合理增长；同时指出，必须坚持高质量发展和高水平安全良性互动，以高质量发展促进高水平安全，以高水平安全保障高质量发展。学习领会习近平总书记重要论述精神，我们深切感到，发展和安全如车之双轮、鸟之两翼：一方面，只有推进高质量发展，加快发展新质生产力，才能把握竞争主动权，在更高层次上维护国家安全；另一方面，实现高质量发展离不开安全稳定的环境，没有安全稳定，发展就无从谈起，发展成果也可能得而复失。新时代新征程上，必须更好统筹发展和安全，扎实推进更高质量、更有效率、更加公平、更为安全的发展，推动发展和安全动态平衡、相得益彰。

（三）做好国家安全工作是深化高水平开放的应有之义。习近平总书记多次强调，越是开放越要重视安全，把握好开放和安全的关系，织密织牢开放安全网，增强在对外开放环境中动态维护国家安全的本领。学习领会习近平总书记重要论述精神，我们深切感到，当前我国对外开放的大门越开越大，与世界经济的联系更加紧密，各种可以预见和难以预见的风险挑战增多，对自身竞争能力、开放监管能力、风险防控能力提出了新的更高要求。新时代新征程上，必须坚持独立自主和扩大开放有机结合，把握开放的力度、速度和程度，创新监管思路和机制，准确识别和有效防范其中可能的不利影响和风险因素，筑牢商务领域国家安全屏障，有效维护国家主权、安全和发展利益。

二、新时代统筹商务发展和安全取得明显成效，拓展了落实总体国家安全观的生动实践

党的十八大以来，在以习近平同志为核心的党中央坚强领导下，我们坚持稳中求进工作总基调，持续扩大高水平对外开放，深化多双边经贸合作，推动商务高质量发展，在更高开放水平、更高质量发展中维护和塑造国家安全。

（一）服务经济高质量发展。扎实做好稳外贸稳外资工作，发挥高水平开放平台作用，不断扩大国际经贸合作，为国民经济稳定运行

作出积极贡献。**推动外贸创新发展**，紧紧围绕贸易强国建设目标，夯实货物贸易、服务贸易、数字贸易“三大支柱”，推动出台贸易高质量发展、外贸稳规模优结构等重要文件，修订完善对外贸易法，制定多轮稳外贸政策措施，大力培育跨境电商等新业态新模式，办好进博会、广交会、服贸会、数贸会等重大展会，开展服务贸易创新发展试点，建设数字服务等一批特色服务出口基地。2023 年，我国货物进出口额达 41.76 万亿元，增长 0.2%，连续 7 年保持全球第一货物贸易大国地位，连续 15 年保持全球第一货物出口大国地位；服务贸易额达 6.6 万亿元，增长 10%。**积极有效利用外资**，推动出台外商投资法及其实施条例，确立外商投资准入前国民待遇加负面清单管理制度，修订发布外资准入负面清单和鼓励外商投资产业目录，建立外商投资信息报告制度，充分发挥外资企业圆桌会议制度作用，深化国家服务业扩大开放综合试点示范。2023 年，我国吸收外资 1.13 万亿元，规模处于历史第三高，保持全球引资大国地位。**着力提升开放平台效能**，先后设立 22 个自贸试验区，形成覆盖东西南北中的改革开放创新格局。开展自贸区港对接国际高标准经贸规则先行先试，推出跨境服务贸易负面清单管理模式等一批改革创新举措，累计在国家层面复制推广 349 项制度创新成果。2023 年，各自贸试验区以不到 4‰的国土面积，贡献了全国 19.0% 的外商直接投资和 18.4% 的货物进出口。**扎实推进对外投资合作**，扩大绿色、数字、蓝色经济等新领域投资合作，高质量建设境外经贸合作区，雅万高铁、中老铁路等重大项目顺利运营。2023 年，我国全行业对外直接投资 1.04 万亿元，增长 5.7%。

（二）促进产业链供应链畅通运转。着力增强国内国际两个市场两种资源联动效应，扎实做好稳链、补链、固链工作，为提升产业链供应链韧性和安全水平提供重要支撑。**加大进口保供**，培育国家进口贸易促进创新示范区，积极引进先进技术、重要设备、关键零部件，拓展优质能源资源、国内紧缺农产品来源。2018 年以来，成功举办 6 届进博会，累计展示超过 2400 项代表性首发新产品、新技术、新服务。2023 年，进口原油、天然气分别达 5.6 亿吨、1.2 亿吨，进口铁矿砂、铝矿砂分别达 11.8 亿吨、1.4 亿吨，有力保障国内产业需求。**推动优化产业布局**，促进加工贸易向中西部梯度转移，依托加工贸易线上线下平台深化产业交流对接。举办国家级经开区承接产业转移对接会，推动东部地区国家级经开区与中西部地区国家级经开区、边（跨）合区开展结对共建、对口帮扶。深度参与全球产业分工与合作，促进内外产业融合发展。**加大物流通道保障**，针对新冠疫情、地缘冲突等冲击影响，推动疏通海运、陆运、空运堵点，统筹中欧班列和国际陆海贸易新通道发展，加大外贸供应链运力保障。截至 2024 年 3 月底，中欧班列累计开行超过 8.7 万列，通达欧洲 25 个国家和 222 个城市。**便利外籍人员来华**，新冠疫情期间推动建立外籍人员来华“快捷通道”，积极保障外贸外资供应链运转。发布《外国商务人士在华工作生活指引》，为外资企业在华居留、生活、工作等提供便利。

（三）健全开放安全监管体系。坚持底线思维，强化忧患意识，做好服务和监管，积极防范化解商务领域重大风险。**构建现代化出口管制体系**，推动出台出口管制法，以维护国家安全和利益、履行防扩散等国际义务为宗旨，建立管制政策、管制清单、管制措施、监督管理等基本制度框架和规则，采用国际通行的清单管理、最终用户和最终用途管理等做法，优化许可管理，提升执法能力，推进合规建设，积极开展出口管制国际交流与合作。**强化贸易风险防范**，健全贸易摩擦预警体系和法律服务机制，多主体协同应对国外贸易限制措施，有效运用贸易救济调查维护开放环境下产业安全，稳步推进贸易调整援助工作。**完善外资安全审查**，借鉴主要国家做法，对外商投资安全审查制度作出较为全面系统规定，在积极促进和保护外商投资的同时，有效预防和化解国家安全风险，为更高水平对外开放提供安全保障。**优化对外投资管理**，落实《境外投资管理办法》《对外承包工程管理条例》《对外劳务合作管理条例》等有关法规和规章要求，强化“事前备案核准、事中定期报告、事后监督检查”为主线的对外投资管理制度，实现各类所有制企业对外投资办理备案全覆盖。全面推行“双随机、一公开”监管工作。

（四）保障国家海外利益安全。积极推动构建海外利益保护和风险预警防范体系，坚定维护海外项目安全和企业正当权益。**加强境外风险防范**，建立“走出去”公共服务平台，为企业提供政策咨询、业务办理、信息共享等公共服务和产品，目前页面访问量累计达 3.12 亿次。每年发布《对外投资合作国别（地区）指南》《境外中资企业机构和人员安全管理指南》，介绍相关国家和地区的投资合作政策信息，提示有关政治、经济和社会等方面风险。**加强投资保护**，与相关国家商签投资保护协定，为中国企业和人员海外权益保障提供法律依据，目前已对外商签且生效的投资保护协定共 109 个。利用双边经贸联委会、投资合作工作组等有关机制和平台，与东道国加强政策沟通，保障中资企业和人员合法权益。**加强合规经营**，制定《企业境外经营合规管理指引》，扎实开展教育培训工作，指导企业和人员依法合规经营，遵守东道国法律法规，防范化解风险。

（五）维护多元稳定国际经贸关系。坚持服务国家对外工作大局，打造全球伙伴关系网络，推动国际经贸合作走深走实。**扩大面向全球的高标准自贸区网络**，推动《区域全面经济伙伴关系协定》（RCEP）全面签署生效。推进加入《全面与进步跨太平洋伙伴关系协定》（CPTPP）和《数字经济伙伴关系协定》（DEPA）。截至目前，我国共与29个国家和地区签署了22个自贸协定，与自贸伙伴的贸易额占外贸总额的1/3左右。**坚定维护多边贸易体制**，积极参与世贸组织改革，提交关于世贸组织改革的立场文件和建议文件，推动建立多方临时上诉仲裁安排，举办加入世贸组织20周年高层论坛及专题展。引领达成投资便利化协定，围绕世贸组织改革提交20余份中国提案，推动世贸组织第13届部长级会议取得多项务实成果。**积极开展多边机制合作**，用好联合国、二十国集团、亚太经合组织、金砖国家、上合组织等机制，深入开展供应链、数字经济等合作，推动一批中国倡议、中国方案转化为国际共识。在第三届"一带一路"国际合作高峰论坛期间，发布关于加强数字和绿色领域国际经贸合作的首个中国方案，得到30多个国家和国际机构积极响应。**扎实推进双边互利合作**，发挥经贸联（混）委会等机制桥梁作用，建立100多个贸易畅通等合作机制，保持常态沟通协调，加强重点议题磋商。

新时代商务发展和安全之所以取得这些成就，根本在于有习近平总书记作为党中央的核心、全党的核心掌舵领航，有习近平新时代中国特色社会主义思想科学指引。在推进中国式现代化伟大实践中，我们进一步深化了协同高质量发展和高水平安全的规律性认识。**一是坚持和加强党的全面领导**。在中央国安委的统一领导下，全面贯彻国家安全责任制，加强商务领域国家安全体系和能力建设，确保党中央关于国家安全的决策部署落地见效。**二是坚持统筹国内大循环和国内国**

际双循环。加强国内大循环在双循环中的主导作用，同时以国际循环提升国内大循环效率和水平，改善我国要素质量和配置水平，增强参与国际合作和竞争新优势，巩固提升我国在全球产业链供应链中的地位。**三是坚持合作共赢与敢于斗争并重**。高举构建人类命运共同体旗帜，践行真正的多边主义，倡导普惠包容的经济全球化，促进贸易投资自由化便利化，为变乱交织的世界注入稳定性和正能量，同时发扬斗争精神、提高斗争本领，在斗争中维护安全、增进权益，谋求合作、争取共赢。**四是坚持运用国际通行规则维护国家安全**。积极吸收和借鉴国外经验，加强与国际规则对接，以法治思维法治方式完善出口管制、外资安全审查等方面法律制度，不断提升国家安全治理效能。

三、准确把握当前面临形势，坚定做好商务领域国家安全工作的信心和底气

习近平总书记多次强调，要坚持用全面、辩证、长远的眼光分析当前经济形势，努力在危机中育新机、于变局中开新局。总的看，我国经济韧性强、活力足、潜力大，中国式现代化道路前景光明，高质量发展扎实推进，国际影响力、创新引领力、道义感召力不断增强，党的领导坚强有力，中国特色社会主义制度优势充分彰显，有能力有信心应对各类风险挑战，以自身的确定性对冲外部环境的不确定性。

（一）经济基本面长期向好。党的十八大以来，我国对全球经济增长的贡献率平均保持在 30% 以上，是全球经济增长的最大引擎。

2023年，我国经济持续回升向好，GDP增长5.2%，与全球各经济体相比，仍然是“风景这边独好”。按照可比价计算，我国经济增量超6万亿元，相当于一个中等国家1年的经济体量。展望未来，我国经济长期向好的基本面没有变，支撑高质量发展的要素条件不断累积增多，有望保持稳定增长。

（二）**产业体系更加完备。**我国制造业总体规模连续14年保持全球第一，制造业产值占全球约30%，拥有41个工业大类、207个工业中类、666个工业小类，是全世界唯一拥有联合国产业分类中所列全部工业门类的国家。京津冀、长三角、粤港澳大湾区、成渝地区等汇聚了一批具有国际竞争力的专业化产业集群，形成了明显的集群效应，为加快创新迭代、提升竞争能力创造了有利条件。同时，我国制造业网络高效协同、日益壮大，多数材料、组件都能在国内找到本土供应商，产业链向“微笑曲线”两端不断延伸，既能满足大规模标准化生产需求，也能快速响应个性化定制需求。

（三）**人力资源活力强劲。**我国劳动力总量总体充足，劳动力素质不断升级，人力资源与产业体系匹配程度越来越高。2023年，劳动年龄人口超过8.6亿，劳动年龄人口平均受教育年限达到11.1年，具有大学文化程度人口超过2.5亿，人才资源总量、科技人力资源、研发人员总量均居全球首位。截至2023年底，国内发明专利有效数量达401.5万件，成为世界上首个专利数量突破400万件的国家。此外，我国有1.8亿户经营主体，约40万家高技术企业，独角兽企业数量居世界第二，一批具有世界眼光的企业家群体加快涌现，经营主体创新活力和内生动力不断激发，为高质量发展注入源源不断的智力和智能。

（四）内需潜力持续释放。我国有 14 亿多人口、4 亿多中等收入群体，人均 GDP 超过 1.2 万美元，每年消费支出规模超过 60 万亿元，是全球第二大商品消费市场、第一大网络零售市场。2023 年，最终消费支出对经济增长的贡献率达 82.5%，国内大循环主体作用进一步增强。目前，我国城镇化率与发达国家相比仍有较大空间，有 3 亿多农业转移人口正在加快市民化，随着全国统一大市场建设深入发展，城乡融合扎实推进，将在住房、教育、医疗、养老等方面带来强劲的消费和投资需求，为经济发展提供广阔市场机遇。

（五）创新发展加快推进。我国在数字、绿色等新赛道逐步从“跟跑”“并跑”向“领跑”迈进，新业态新模式不断涌现。目前，我国有网民 10.7 亿，构成了全球最大的“数字社会”，一年产生的数据量占全球 10% 以上。《数字中国发展报告（2022 年）》显示，2022 年我国数字经济规模超过 50 万亿元，居全球第二。这些为贸易数字化和数字贸易发展提供了丰富的资源和场景。我国正在推进绿色低碳转型，绿色基建、绿色能源、绿色交通等领域蕴含巨大发展增量，将有效带动产业转型升级。

（六）开放合作前景广阔。目前，我国有 230 多个经贸伙伴，是全球 140 多个国家和地区的主要贸易伙伴。“一带一路”倡议提出以来，我国与 150 多个国家、30 多个国际组织签署了 200 多份共建“一带一路”合作文件，“丝路电商”伙伴国增至 30 个，构建人类命运共同体共识深入人心。在人工智能、气候变化、公共卫生等全球性治理方面，我国日益成为重要的参与者和贡献者，发挥出不可替代的建设性作用。

同时，也要居安思危、防患未然，深入分析不利因素。当前，世界进入新的动荡变革期，经济因素和非经济因素相互交织，我国发展进入战略机遇和风险挑战并存、不确定难预料因素增多的时期。**从增长前景看**，世界经济依然低迷，呈现高通胀、高利率、高债务、低增长的“三高一低”特征，国际货币基金组织预测2024年全球经济增速为3.1%，低于新冠疫情前20年3.8%的平均水平。**从经贸环境看**，经济全球化遭遇逆流，单边主义、保护主义抬头，贸易壁垒明显增多，反倾销、反补贴、保障措施等传统壁垒有增无减，绿色等新型壁垒层出不穷。世贸组织统计，2019年至今，各项进口限制措施已覆盖全球近1/10进口额。**从国际竞争看**，部分发展中国家以各项优惠政策吸引企业投资，发达经济体积极吸引产业回流，跨国公司布局由效率优先转向效率与安全兼顾，引资竞争、产业竞争等更加激烈。**从地缘冲突看**，大国博弈加剧，各类外溢风险上升，影响全球产业链供应链稳定。此外，气候变化、自然灾害频发，也增大了外部环境不确定性。

四、坚决落实党中央决策部署，更好统筹商务高质量发展和高水平安全

习近平总书记在二十届中央国家安全委员会第一次会议上强调，要加快推进国家安全体系和能力现代化，以新安全格局保障新发展格局。新征程上，我们将坚持以习近平新时代中国特色社会主义思想为指导，深刻领悟“两个确立”的决定性意义，增强“四个意识”、坚定“四个自信”、做到“两个维护”，以统筹商务发展和安全的实际成效，为推进中国式现代化伟大实践贡献力量。

（一）强化理论武装，推动总体国家安全观学习走深走实。学深悟透习近平总书记关于总体国家安全观的重要论述，采取学习研讨、辅导授课等形式，持续拓展学习教育成效。在各层级干部任职培训中，常态化开展总体国家安全观教育培训，提高干部斗争精神和斗争本领。扎实开展“4·15”全民国家安全教育日活动，营造维护国家安全的浓厚氛围。

（二）深化国际合作，扩大贸易投资发展空间。巩固外贸外资基本盘，加快培育外贸新动能，拓展中间品贸易、服务贸易、数字贸易、跨境电商出口。放宽电信、医疗等服务业市场准入，持续建设市场化、法治化、国际化一流营商环境，打造“投资中国”品牌。抓好支持高质量共建“一带一路”八项行动的落实落地，统筹推进重大标志性工程和“小而美”民生项目。

（三）完善制度机制，提升开放安全治理效能。加强开放安全建章立制工作，推动各方面制度安排有机衔接、联动集成。构建现代化出口管制体系，实施好出口管制法及配套法规，深化出口管制国际交流，完善技术进出口管理制度和促进体系。健全贸易摩擦应对机制，推进产业损害预警体系建设，提升贸易救济政策工具效能。完善外资安全审查制度，防范利用外资风险。优化对外投资监管服务，维护海外利益安全。

（四）推进试点示范，加大开放平台压力测试。深入实施自贸试验区提升战略，对标国际高标准经贸规则，加快规则、规制、管理、标准等制度型开放，推动全面落实首批有条件的自贸区港试点对接措施和上海全面对接总体方案。加强改革整体谋划和系统集成，研究制定自贸试验区综合性指导文件，集中推出一批引领性、集成性改革举措。优化完善风险防控措施，守住不发生系统性风险的底线。

（五）丰富手段方式，优化监测预测预警体系。加快推进商务领域维护和塑造国家安全手段方式变革，强化科技赋能，更加及时精准防控风险。充分发挥大数据等新技术作用，全面分析贸易投资形势，提升商务运行监测实效。强化信息共享，促进现有平台和资源整合融合，优化风险研判、评估、应对等流程，完善风险防控综合体。

（六）加强基础保障，凝聚维护开放安全合力。坚持“一盘棋”思想，推进与地方商务主管部门纵向协作，完善与各部门横向协同，构建上下贯通、有机联动、立体高效的开放安全运转机制。建强配齐国家安全力量，锻造一批既了解高水平对外开放、又懂得国家安全形势的干部队伍。推进经贸领域涉外法治建设，为维护国家安全提供有力法治保障。积极发挥专家学者和研究机构作用，构建专业性强、覆盖面广的智库力量。

统筹发展和安全 奋力推进核安全工作高质量发展

生态环境部副部长、党组成员，国家核安全局局长　董保同

习近平总书记在党的二十大报告中指出“高质量发展是全面建设社会主义现代化国家的首要任务”，强调“统筹发展和安全”“以新安全格局保障新发展格局”“积极安全有序发展核电”，中央经济工作会议指出“必须坚持高质量发展和高水平安全良性互动”，为新时代新征程做好核安全工作提供了根本遵循和行动指南。我们要坚持不懈用习近平新时代中国特色社会主义思想凝心铸魂，坚定不移贯彻落实习近平生态文明思想、总体国家安全观和核安全观，着力统筹发展和安全，奋力推进核安全工作高质量发展。

一、深刻认识新时代新征程做好核安全工作的重大意义

党的二十大报告庄严宣示：“从现在起，中国共产党的中心任务就是团结带领全国各族人民全面建成社会主义现代化强国、实现第二

个百年奋斗目标，以中国式现代化全面推进中华民族伟大复兴。”要立足中国式现代化全局，深刻认识和把握做好核安全工作的极端重要性。

（一）做好核安全工作是维护国家安全、建设更高水平的平安中国的应有之义。习近平总书记指出，要“把维护国家安全贯穿党和国家工作各方面全过程”，“建设更高水平的平安中国”。核安全是国家安全的重要组成部分，与政治安全、军事安全、经济安全、生态安全等都密切相关。保障核安全，对于有效避免涉核风险向政治和社会领域传导、维护政治安全和社会稳定，助力打造强大战略威慑力量体系、维护军事安全，有效发挥核事业在推动高质量发展中的促进作用、维护经济安全，有效发挥核电在推动能源绿色低碳转型和应对气候变化中的作用、维护生态安全，都具有十分重要的意义。当今世界正面临百年未有之大变局，核安全已走向国家安全的主干线、主战场和主阵地，维护和塑造核安全就是维护国家安全。必须从维护国家安全的全局高度，深入贯彻总体国家安全观，强化核安全保障体系建设，增强维护核安全能力，防范化解重大风险，筑牢严密持久核安全防线。

（二）做好核安全工作是保护生态环境、推进美丽中国建设的重要内容。习近平总书记指出，要把建设美丽中国摆在强国建设、民族复兴的突出位置，推动城乡人居环境明显改善、美丽中国建设取得显著成效，以高品质生态环境支撑高质量发展。核安全事关公众健康、事关环境安全，是生态环境保护的重要领域。保障核安全是减污降碳协同增效的重要方面，既能防止放射性污染，保护公众和从业人员的安全与健康，不给子孙后代遗留隐患、构成危害；也能促进核能发挥低碳能源优势，在构建清洁低碳安全高效的能源体系、实现“双碳”目标中发挥更大作用。必须坚持以习近平生态文明思想为指导，将核安全工作摆在美丽中国建设更加突出的位置，强化国家核安全工作协调机制统筹作用，积极有效应对各种风险挑战，切实维护核与辐射安全，守牢美丽中国建设安全底线。

（三）做好核安全工作是保障核事业健康发展、建设核强国的必然要求。习近平总书记指出，“核工业是高科技战略产业，是国家安全重要基石。要坚持安全发展、创新发展，坚持和平利用核能，全面提升核工业的核心竞争力”，“坚持理性、协调、并进的核安全观，把核安全进程纳入健康持续发展的轨道”。发展是安全的基础，安全是发展的条件，发展核事业必须以核安全为最高优先级。核安全出不得事、出不起事，尤其类似美国三哩岛、苏联切尔诺贝利、日本福岛那样的核事故绝不允许在我国发生。当前，我国核能快速发展，核技术利用量大面广，正处于由核大国向核强国转型迈进的关键时期。必须保持战战兢兢、日谨一日的工作心态，强化使命担当，坚持高质量、高标准建设和运行，打造核安全领域全球标杆。

（四）做好核安全工作是推动建设普遍安全世界、构建人类命运共同体的客观需要。习近平总书记指出：“当今世界，各国相互依存、休戚与共。”“构建人类命运共同体，建设持久和平、普遍安全、共同繁荣、开放包容、清洁美丽的世界。”当前全球核安全形势复杂多变，俄乌冲突中核设施安全、日本福岛核污染水排海等引发全球关注。核安全无国界，面对核安全风险挑战，没有哪个国家能够独自应对，也没有哪个国家可以置身事外，确保核安全是世界各国的共同责任。必须坚持胸怀天下，坚持公平原则，本着务实精神推动国际社会携手共进、精诚合作，共同推进全球核安全治理，构建核安全命运共同体。

二、我国核安全工作成效显著

我国核安全工作与我国核事业发展相伴相生，在“两弹一艇”研制和核工业体系建设进程中奠基起步，在改革开放和核电建设进程中塑体成型，在新时代新征程上不断跨越提升。党的十八大以来，党中央站在维护国家安全的高度，推进核安全理论创新、实践创新、制度创新，对核安全重视程度之高、指导力度之大、部署要求之严前所未有。习近平主席亲自参加第三届、第四届全球核安全峰会并发表重要讲话，提出理性、协调、并进的核安全观，强调坚持发展和安全并重、权利和义务并重、自主和协作并重、治标和治本并重，主张构建公平、合作、共赢的国际核安全体系，打造核安全命运共同体，为保障我国核安全、推进全球核安全治理进程提供了方法路径和行动指南。在核安全观指引下，我国核安全工作成效显著。

（一）制度体系更加健全。颁布实施《中华人民共和国核安全法》，其与《中华人民共和国放射性污染防治法》等共同构成 2 部顶层法律以及 7 部行政法规、28 项部门规章、107 项安全导则和千余项技术标准的法规标准体系，确保核安全管理要求从高不从低、管理尺度从严不从宽。经国务院批复后，印发实施核安全与放射性污染防治五年规划，统筹提升全行业核安全能力水平。形成行业主管部门、安全监管部门、企业主体和地方政府分工明确，社会公众广泛参与的核安全体系，维护核安全成为全行业全社会的共同价值观和行为准则。

持续加强经验反馈和安全改进，不断深化对核安全的认识和把握。

（二）安全业绩保持良好。我国民用核事业后发优势明显，在核电发展伊始就采用安全可靠的反应堆技术，在设计上充分汲取了早期堆型的经验教训，目前新建机组均采用三代及以上核电技术。过去10年是我国核事业发展最快的10年。在快速发展过程中，我们以有效的核安全管理实现了良好的安全业绩。截至2023年底，我国大陆81台核电机组（运行55台、在建26台）、18座民用研究堆（在役17座、在建1座）、21座核燃料循环设施（全部在运）保持良好安全纪录，未发生国际核与辐射事件分级表2级及以上事件或事故，在建设施建造质量受控；16.96万枚在用放射源、24.8万枚废旧放射源和29.97万台（套）射线装置安全受控，放射源辐射事故年发生率保持低水平；全国辐射环境质量总体良好。世界核电运营者协会最新公布的全球核电机组综合指数排名显示：在全球387台参评机组中74台满分，满分机组比例19.1%；我国51台参评机组中37台满分，满分机组比例72.6%。特别是AP1000、EPR、华龙一号、国和一号、高温气冷堆等全球首堆项目在我国成功建造或运行。

（三）安全监管独立有效。秉持独立、专业、严慎、高效的监管理念，建立符合国情、接轨国际、行之有效的核安全监管体系。依靠审评许可源头严防，强化对核设施、核材料、核活动和放射性物质的安全管控，覆盖选址、建造、运行、退役等各阶段。依靠监督执法过程严管，强化监督检查和刚性执法，督促企业落实主体责任、持续健全安全管理和质量保证体系。依靠辐射监管保护环境，完成核基地与核设施放射性水平调查、污染源普查，建成全国辐射环境质量监测、重点核设施周围辐射环境监督性监测和核与辐射应急监测“三张网”，布设 1835 个国控辐射环境监测点位，实时数据获取率稳定在 97% 以上。依靠应急响应筑牢底线，强化应急监测、污染后果评估及核设施场内应急监管，实现省级辐射事故应急演习全覆盖。依靠经验反馈持续改进，建成全国统一的核电厂和研究堆经验反馈平台，建立核安全形势分析和集中研讨机制，全面完成日本福岛核事故后我国核设施安全改进、加强放射源安全行动、核与辐射安全隐患排查三年行动，实施核电行业安全质量提升行动。依靠文化引领提升安全素养，成立中国核安全与环境文化促进会，发布《核安全文化政策声明》《核安全文化特征》，建立企业建设、行业评估、部门监督的核安全文化培育机制。依靠公众沟通推进共治共享，健全中央督导、地方主导、企业作为、社会参与的核安全公众沟通机制，广泛开展“4·15 全民国家安全教育日”核安全领域宣传等活动，营造共同维护核安全的良好氛围。

我国的核安全监管工作得到国际同行充分肯定。在 2023 年的《核安全公约》缔约方第八次和第九次联合审议大会上，各缔约方认为我国实现和维持了高水平的核安全，业绩显著，并将我国“针对三代核电创新开展监管并积极分享经验”评定为良好实践，将“结合疫情开展国家级应急演习、以大数据和人工智能等技术赋能核电厂建造和运行管理、有效运转国家层面经验反馈体系、加强共性问题联合研究、创新核电集团群厂运营管理和内部监督模式、颁布《中华人民共和国核安全法》、建立企业和政府共同承担的应急准备基金、强化首堆国际经验反馈”等 8 方面评定为良好业绩。

（四）保障能力持续加强。我国是世界上少有的具有完整核燃料循环体系的国家，覆盖铀矿勘探开采、提纯转化、浓缩、燃料制造、核能发电、乏燃料后处理和废物处理处置全部环节。具备总体稳定的质量管理和强大的施工建设能力，形成年供10台（套）左右百万千瓦级压水堆核电主设备供货能力。培养经验丰富的产业队伍，目前持证的民用核设施操纵人员3600余人、无损检验人员8300余人、焊接人员7200余人、注册核安全工程师5000余人。压力容器、蒸汽发生器、主管道、数字化仪控系统等核安全关键设备自主研发和国产化取得重大成果。建设国家核与辐射安全监管技术研发基地、应急基地，推进区域核与辐射应急监测物资储备库和长白山实验室建设，独立校核计算、试验验证等审评技术能力稳步提升。为巴基斯坦7台核电机组安全建造运行提供技术支持，保障我国核电安全“走出去”。

（五）国际合作不断深化。首次以我国政府名义发表《中国的核安全》白皮书，阐明打造核安全命运共同体的决心和行动。加强与核电主要国家、“一带一路”倡议沿线国、“走出去”对象国核安全合作，开展互访交流、审评咨询和联合研究。强化与国际原子能机构、经济合作与发展组织核能署等多边交流，与国际原子能机构签订核安全合作协议，推动成立核电厂多国设计评价计划“华龙一号”工作组，积极参与核安全国际同行评估，对标国际共同提高。认真履行国际义务和政治承诺，目前已圆满完成9次《核安全公约》和4次《乏燃料管理安全和放射性废物管理安全联合公约》履约。

在长期的探索实践中，我们对核安全工作形成了一些规律性认识，积累了宝贵经验，要认真总结、长期坚持。一是必须坚持党的领导。我国核安全事业从指导方针确立、组织机构设立、法律法规制定、重大问题决策到领军人才培养、队伍建设，无一不是在党中央直接领导下的成功实践。新时代新征程上，我们必须站在拥护“两个确立”、做到“两个维护”的高度，增强做好核安全工作的责任感和使命感，将核安全作为“国之大者”，始终坚持以人民安全为宗旨，不折不扣把党中央关于核安全的决策部署落到实处。二是必须坚持依法治理。秉持立法先行，健全法律、行政法规、部门规章相衔接，法规要求和技术标准相补充的法规标准体系，覆盖核能开发利用各领域，做到凡事有法可依、有章可循，确保行业主管部门、企业主体、地方政府等各方面核安全责任链条明确划分、落实到位，确保核安全独立监管，始终以核安全为最高优先级和唯一终极目标。三是必须坚持专业制胜。核安全事关重大，专业性极强，必须科学、精准，必须专业过硬，必须知其然并知其所以然，要对技术问题深入开展专业分析，发挥国家核安全专家委员会决策咨询和技术把关作用；要坚持固本强基，强化能力保障和科技支撑；要培养“行家里手”，打造本领高强的专业队伍。核安全涉及面广，要强化系统思维，实施纵深防御，坚持安全第一、质量第一，确保设计、采购、建造、维修、运行等 5 项活动规范开展，设备管理、人员资质等各方面安全可靠。加强核安全是一个持续进程，要坚持问题导向，注重数据积累，加强经验反馈，持续迭代改进。四是必须坚持严慎细实。严字当头，从严开展审评许可和监督执法，做到源头严防、过程严管、后果严惩。保守审慎，始终保持质疑的态度，坚持自律、自警、自省，避免、控制、消除风险。抓细抓小，对细节和质量一丝不苟，从细处着眼、小处着手，及时发现、研究和解决问题。科学务实，把握核安全工作实情和特点，不折不扣落实核安全要求，讲实际、重实干、求实效。五是必须坚持开放合作。在行业内倡导公开透明，持续推进核安全文化建设，引导从业人员形成良好的安全意识和行为规范。在社会上加强信息公开、科普宣传和公众参与，保障公众知情权、参与权、监督权。在国际上不断强化合作，建设性推进全球核安全治理，倡导构建公平、合作、共赢的国际核安全体系。

三、努力推进我国核安全工作跨越提升

我国进入全面建设社会主义现代化国家的新征程，核安全工作也进入高质量高水平发展的新时期。当前，我国核安全既面临极端情况管理、全球气候变化影响、供应链可靠性等全球共性问题，也面临核电规模大、首堆新堆多等挑战。我们要深入学习贯彻习近平新时代中国特色社会主义思想，坚持以依法治核为根本，以落实责任为关键，以科技能力为支撑，以人才队伍为基础，以严格监管为抓手，以深化合作为平台，统筹核安全与放射性污染防治，统筹核事业发展与核安全治理能力提升，坚持守正创新，稳中求进，自信自立，系统施策，以核安全高质量发展实现高水平核安全，为实现平安中国、美丽中国、核工业强国目标，推动建设普遍安全世界奠定坚实基础。

（一）推进高水平核安全法治。立法先行是国际核领域的普遍实践，也是我国核安全监管近40年的重要经验。要加快建设与核强国目标相适应的核安全法规标准体系，将放射性污染防治法修订、电磁辐射环境污染防治纳入环境法典编纂，着力提升标准自主化、系统化水平，在高温气冷堆、模块化小型堆、钍基熔盐堆等先行领域实现法规标准建设全球引领。发挥党领导的制度优势，积极推进核安全行政执法与刑事司法、纪检监察等贯通协同，对弄虚作假和违规操作保持

"零容忍"的高压态势。以国家核安全工作协调机制、核安全与放射性污染防治五年规划为抓手，加强全局统筹和协同联动，凝聚合力推动解决重难点问题。

（二）实施高水平核安全管理。核安全是设计出来、建造出来的，更是管理出来的。要在全行业凝聚安全发展共识，高标准设计研发、高质量建设制造、高要求运行管理。全面落实核安全主体责任，健全层层细化、层层落实的核安全责任体系，覆盖核电集团、股份公司、营运单位、工程公司、运行公司、维修公司等全链条各单位，连接打通责任传导的断点、梗阻。注重发挥企业集团核安全管理作用，在战略谋划、资源配置、激励约束等方面突出核安全导向。进一步完善核设施营运单位内部管理体系，强化公开透明的报告机制，推进网格化管理，有效运转质量保证体系。强化核电设备质量管理，注重供应商核安全能力建设，推动装备制造业在安全可靠性、质量稳定性和经济竞争性方面实现全面提升。将核安全文化落实到核安全管理各方面，抓住重点岗位、重要环节的"关键少数"，强化程序执行监督，通过"五星班组建设"等创新方式，培育持续改进、追求卓越的核安全文化。充分发挥行业智库力量，加强国内外核安全形势跟踪和分析研判，强化风险预警监测、研判会商和分级管控，排查治理隐患，提升防范化解风险的主动性、前瞻性、针对性。立足防大灾、应大急理念，强化盲演盲练，突出实战实效，确保关键时刻拉得出、冲得上、靠得住、打得赢。

（三）打造高水平核安全科技。核安全科技是核安全水平取得突破性提升的关键，是确保科学有效决策的基础。要强化科技支撑，加强基础研究和技术攻关，提升核安全工作科学化、精准化水平。要发挥企业科技创新主体地位作用，持续推进先进、可靠核能技术的开发应用，提高本质安全度。强化各企业集团重点技术联合攻关，集中优势力量解决瓶颈问题，确保关键技术、装备、材料、软件等自主安全可控，加快自主品牌核燃料组件入堆考验和推广应用进程。通过信息化手段赋能核安全管理，推广“智慧工地”，不断提高工程建设精细化管理水平。加大核安全科研基础设施建设力度，推动设立核安全科研专项，深入开展反应堆物理、热工水力、材料性能等基础性、机理性研究，夯实保障核安全的能力根基。

（四）建设高水平核安全队伍。有效保障核安全，人的因素最为重要。要推进高校核安全相关学科建设，加大政府、高校、科研机构、企业之间的人才交流力度，举办多层级、多维度、多领域的研讨班、培训班和技能竞赛，强化核安全人才储备。加强核安全领军人才、青年骨干发掘培养，强化人才梯队、科研条件、管理机制等政策配套，吸引留住核行业优秀人才。健全服务全局、分级分类、全员覆盖的人才培训体系，强化核设施操纵人员、焊接人员、无损检验人员资格管理。根据核事业发展情况动态调整监管工作力量配备，加强知识传承、交流培训和激励约束，推行监管人员到一线、下班组，加大向国际组织人才推送力度，打造专业素质过硬、管理能力突出、具备国际视野、堪当时代大任的监管队伍。

（五）严格高水平核安全监管。严格监管是核安全监管的职责所在、使命使然，也是对被监管者最有力的支持。要坚持严字当头、依法监管，强化全过程监管、一线监管、闭环监管，通过刚性执法、震撼教育等方式，督促企业主体责任落实到位。坚持问题导向、精准监管，针对不同类型的设施、不同特点的单位、不同阶段的工作性质等实施不同的监管策略，找准解决问题的着力点和突破口，真解决问题、解决真问题，切实提升监管效能。坚持固本强基、提升能力，推进国家核与辐射安全监管技术研发基地建设，全面提升安全分析、经验反馈、事故应急、监管信息化等能力，加快推进海洋辐射环境监测、监督一线辐射环境监测等能力建设。

（六）推动高水平核安全合作。核安全一荣俱荣、一损俱损，必须打造政府指导、行业自律、公众参与、国际合作的核安全命运共同体，构建共建共治共享的核安全治理新格局。要在全社会深入开展核安全公众沟通，依法加强信息公开，做强做优宣传品牌，广泛开展公众参与，畅通和规范群众诉求表达、利益协调、权益保障通道，推动形成科学认识、理性看待、人人维护核安全的良好氛围。以更积极的态度、更有效的作为参与和推动国际核安全治理体系建设，深度参与国际规则制定，积极开展多双边交流合作，在吸纳借鉴国际先进经验的同时，分享中国经验、发出中国声音、展现中国形象。

下篇

统筹发展和安全的地方实践

坚决扛起维护国家“五大安全”重要使命 为强国建设、民族复兴贡献辽宁力量

辽宁省委书记、省人大常委会主任 郝 鹏

2024年是习近平总书记创造性提出总体国家安全观10周年。10年来，在习近平总书记的亲自谋划、亲自部署、亲自指挥下，在总体国家安全观的科学指导下，新时代国家安全工作取得历史性成就，我国创造了经济快速发展、社会长期稳定的“两大奇迹”，成为世界上最有安全感的国家之一，充分彰显了总体国家安全观的真理力量和实践伟力。辽宁坚决贯彻落实总体国家安全观，牢牢把握习近平总书记赋予东北、辽宁维护国家国防安全、粮食安全、生态安全、能源安全、产业安全的重要使命，统筹推进各领域安全，在服务国家发展大局、筑牢国家安全屏障中作出辽宁贡献。

一、站在全局和战略高度，切实增强维护国家“五大安全”的政治责任感和历史使命感

习近平总书记对东北、辽宁振兴发展高度重视、念兹在兹、充满

期待。2018 年 9 月 28 日，习近平总书记主持召开深入推进东北振兴座谈会，强调**东北地区是我国重要的工业和农业基地，维护国家国防安全、粮食安全、生态安全、能源安全、产业安全的战略地位十分重要，关乎国家发展大局**。2023 年 9 月 7 日，习近平总书记主持召开新时代推动东北全面振兴座谈会，再次强调要**牢牢把握东北在维护国家“五大安全”中的重要使命，牢牢把握高质量发展这个首要任务和构建新发展格局这个战略任务，统筹发展和安全**。我们深入学习贯彻习近平总书记重要讲话精神，自觉把维护国家“五大安全”作为重要使命，牢记嘱托、感恩奋进，不断提升维护国家“五大安全”能力，促一方发展、保一方平安，以一域之光为全局添彩。

把维护国家“五大安全”作为忠诚捍卫核心，坚决做到“两个维护”的政治责任。国家安全是安邦定国的重要基石。习近平总书记强调，我们党要巩固执政地位，要团结带领人民坚持和发展中国特色社会主义，保证国家安全是头等大事。习近平总书记赋予东北、辽宁维护国家“五大安全”重要使命，充分体现了统筹发展和安全、协调推进构建新发展格局和新安全格局、实现高质量发展和高水平安全动态平衡的重大战略考量。维护国家“五大安全”是习近平总书记为东北、辽宁谋定的战略定位，是辽宁必须坚决扛起的政治使命。我们必须坚定不移沿着习近平总书记指引的方向前行，以担当诠释忠诚、以实干践行使命，知责担责、知重负重，切实以维护国家“五大安全”的实际行动践行“两个维护”，为党中央筑牢“护城河”。

把维护国家“五大安全”作为牢记“国之大者”，支撑国家重大战略的重要体现。习近平总书记赋予了东北、辽宁维护国家“五大安全”的重要使命，强调要形成对国家重大战略的坚强支撑。维护国家

“五大安全”，是辽宁对国家重大战略支撑能力的重要体现，是充分发挥辽宁对中国式现代化战略支撑作用的重要途径。辽宁被誉为“共和国长子”，是新中国工业的重要摇篮和工业化的重要发源地，新中国第一炉钢、第一架飞机、第一艘巨轮等1000多个工业史上的“第一”都诞生在辽宁。近年来，国产首艘航母、航母舰载机、跨音速风洞主压缩机、水下滑翔机等一批“大国重器”在辽宁问世。一代人有一代人的使命、一代人有一代人的担当，我们必须始终牢记习近平总书记的殷殷嘱托，瞄准方向、发挥优势、竭尽所能，把“家底”用好、把长板拉长，把资源优势转化为发展优势，挺起“共和国长子”脊梁，当好全面建设社会主义现代化国家的战略支撑者。

把维护国家“五大安全”作为推动高质量发展，实现全面振兴新突破的重大机遇。维护国家“五大安全”，既是辽宁的分内之责，也是大有可为的重要机遇。履行维护国家“五大安全”重要使命的过程，就是辽宁主动对接国家战略需求、抢抓新的重大机遇的过程，就是在推动高质量发展、加快全面振兴。在全力实施辽宁全面振兴新突破三年行动中，我们把坚持统筹发展和安全贯穿始终，清单化、项目化、工程化落实维护国家“五大安全”使命任务，推动发展和安全深度融合，以超常规举措打好新时代东北振兴、辽宁振兴的“辽沈战役”。2023年全省地区生产总值增长5.3%，10年来首次超过全国增速，总量站上了3万亿元台阶，实现了全国位次前移，经济运行低速徘徊的态势发生重大转变、干部干事创业的精神状态发生重大转变、营商环境发生重大转变、外界对辽宁的预期发生重大转变，辽宁维护国家“五大安全”的实力和基础更加夯实、信心和底气更加坚定。

二、准确把握维护国家“五大安全”的任务要求，把安全发展理念贯穿振兴发展全过程

维护国家“五大安全”是一项系统工程，需要在总体国家安全观指导下，准确把握国家安全形势变化新特点新趋势，运用科学思想方法，正确处理各种关系，采取有效政策措施，回答好破解好一系列实践问题，不断增强工作的积极性、主动性、创造性，更好服务国家发展大局。

坚持全局观念。维护国家“五大安全”，是主动融入大局、有力服务大局的必然要求。历史赋予了辽宁“长子情怀”，新时代要传承好顾全大局、勇于担当的价值追求，主动扛起新时代国之重任，自觉把辽宁全面振兴放在中华民族伟大复兴战略全局、世界百年未有之大变局中来考量，放在构建以国内大循环为主体、国内国际双循环相互促进的新发展格局中来谋划，善于从全局谋一域，以一域服务全局。维护国家“五大安全”，关键要把握好全局和局部、当前和长远的关系，自觉维护国家整体利益，在攻坚克难中诠释忠诚，在推动发展中体现担当，更好地以“辽宁所能”服务“国之大者”。

坚持统筹兼顾。安全和发展是一体之两翼、驱动之双轮，相互依存、相互促进。只有经济社会发展好了，才能筑牢国家繁荣富强、人民幸福安康、社会和谐稳定的物质基础，才更有能力维护国家“五大安全”。历史和现实告诉我们，必须统筹好发展和安全两件大事，以高质量发展促进高水平安全，以高水平安全保障高质量发展，切实把维护国家“五大安全”同辽宁经济社会发展一起谋划、一起部署，做

到协调一致、相得益彰。既要不断壮大经济实力、科技实力、综合实力，以丰硕的振兴发展成果，夯实维护国家“五大安全”的物质基础，又要牢固树立安全发展理念，强化粮食、能源、产业链供应链等领域安全保障，着力解决安全生产、社会治安、信访稳定等领域问题，牢牢守住安全发展底线，让发展和安全两个目标有机融合，建久安之势、成长治之业。

坚持守正创新。当前，国家安全内涵和外延比历史上任何时候都要丰富，时空领域比历史上任何时候都要宽广，内外因素比历史上任何时候都要复杂，传统安全威胁与非传统安全威胁相互交织，国际形势的不稳定性不确定性明显增加。面对新情况新问题，必须保持战略定力，坚持守正创新，坚持走中国特色国家安全道路不动摇，在党中央集中统一领导下，健全完善党委（党组）领导维护国家“五大安全”工作机制，真正把党的领导贯穿全过程、各方面。坚持将改革创新作为维护国家“五大安全”的强大动力，打破思维定式，摆脱路径依赖，敢于攻坚突破、采取超常举措，不断创新理念思路、体制机制、方法手段，以创新提升维护国家“五大安全”的效能和水平，确保维护国家“五大安全”建立在更加自主、更加可靠的基础之上。

坚持底线思维。习近平总书记指出，统筹发展和安全，增强忧患意识，做到居安思危，是我们党治国理政的一个重大原则。维护国家“五大安全”，必须增强风险意识，坚持底线思维和极限思维，准备经受风高浪急甚至惊涛骇浪的重大考验，把困难想得更复杂一些，把风险思考得更深入一些，把准备做得更充分一些，从最坏处着眼，争取最好的结果，补齐短板、加固底板，坚持用大概率思维应对小概率事件，牢牢守住不发生系统性风险的底线。必须做到居安思危、未雨绸缪，见微知著、防微杜渐，下好先手棋、打好主动仗，科学预见形势发展走势和隐藏其中的风险挑战，防患于未然、防患于萌芽状态。关键要加强战略性、系统性、前瞻性分析研判，充分整合资源，统筹各方力量，提高动态监测、实时预警、主动应对的能力，形成全方位、多层次、立体化监管体系，切实提高政治警觉、增强工作预见性，形成维护国家安全整体合力。

三、以打造新时代“六地”更好维护国家“五大安全”，实现高质量发展和高水平安全动态平衡、良性互动

安全是发展的前提，发展是安全的保障。只有经济社会持续健康发展，才能不断筑牢维护国家“五大安全”的物质基础。我们坚决贯彻落实习近平总书记重要讲话精神和党中央决策部署，自觉把推动辽宁全面振兴放在党和国家战略全局中思考和谋划，牢牢把握高质量发展这个首要任务和构建新发展格局这个战略任务，不断深化拓展维护国家“五大安全”的实践路径，锚定新时代“六地”目标定位，在中国式现代化进程中奋力谱写辽宁全面振兴新篇章。

打造国家重大战略支撑地。辽宁作为新中国工业的重要摇篮，有着辉煌的发展历史、良好的区位优势、雄厚的产业基础、完备的工业体系、富集的科教资源，在党和国家事业全局中具有特殊重要的战略地位，具有支撑国家重大战略的坚实家底和强大能力。新时代新征程，辽宁仍是党和国家可以委以重任的中坚力量。我们坚决贯彻落实

党中央重大战略部署，聚焦强国建设、服务国家战略，围绕维护国家“五大安全”，着力提高国防安全保障水平，夯实粮食安全根基，筑牢生态安全屏障，强化能源安全保障作用，巩固产业安全基础，加快建设数字辽宁、智造强省，推进质量强省、交通强省、清洁能源强省、海洋经济强省等建设，为国家构建新发展格局、推动区域协调发展等重大战略提供强有力支撑，以“辽宁之为”担当“国之重任”，服务“国之大者”。

打造重大技术创新策源地。当前，重大技术创新已经成为战略博弈的主战场，事关现代化建设全局。辽宁作为科教大省，大学大院大所集中，金属材料、航空发动机、工业自动化等25个学科和专业研究在国内乃至国际举足轻重，具备打造重大技术创新策源地的丰富科教资源、深厚创新底蕴。我们坚定不移走创新路、吃创新饭，深入实施科教兴省战略、人才强省战略、创新驱动战略，加快形成以创新为主要引领和支撑的经济体系和发展模式，努力把科教资源优势转化为振兴发展胜势。坚持以科技创新推动产业创新，主动对接国家战略需求，加强核心技术攻关，在新材料、精细化工、高端装备制造、集成电路装备和工业基础软件等领域，实施一批科技创新重大专项，解决一批“卡脖子”难题。聚焦发挥整体功能，不断完善科技创新体系布局，优化多主体协同创新平台布局，打通从基础研究、技术攻关到产业化应用链条，将科教资源优势转化为振兴发展胜势，有力支撑和保障重点领域安全。推动创新链产业链资金链人才链深度融合，集聚更多高层次人才，积极承接国家重大生产力布局和战略科技力量布局，更好服务国家高水平科技自立自强。

打造具有国际竞争力的先进制造业新高地。制造业是国民经济的主体，是立国之本、兴国之器、强国之基。辽宁拥有一批关系国民经济命脉和国家安全的战略性产业，在石化、航空装备、核电设备、机器人等产业领域锻造了一批“国之重器”。我们充分发挥工业门类齐全优势，大力发展实体经济，着力构建具有辽宁特色优势的现代化产业体系，为维护国家产业链供应链安全稳定贡献辽宁力量。持续做好结构调整“三篇大文章”，加快传统制造业数字化、网络化、智能化改造，实现由“制造”向“智造”的转变。大力推进新型工业化，加快先进装备制造、石化和精细化工、冶金新材料、优质特色消费品工业 4 个万亿级产业基地和 22 个重点产业集群建设，深入实施产业基础能力再造和重大技术装备攻关工程，加快技术迭代和推广应用，以“辽宁装备”更好“装备中国”。深入推进战略性新兴产业融合，前瞻布局未来产业，推动数字技术与实体经济深度融合，开辟新领域新赛道，培育新产业新优势，加快形成新质生产力。

打造现代化大农业发展先行地。粮食安全是实现经济发展、社会稳定和国家安全的重要基础，发展现代化大农业是推动农业可持续发展、提升竞争力、维护国家粮食安全的重要途径。辽宁作为 13 个粮食主产省之一，各类农产品供给在国内具有举足轻重的地位，在践行大食物观、构建多元化食物供给体系方面条件优越、潜力巨大。我们坚持把维护国家粮食安全作为首要担当，坚持把发展现代化大农业作为主攻方向，深入实施“藏粮于地、藏粮于技”战略，严格落实耕地保护和粮食安全责任制，深入实施粮食产能提升行动，畅通国家北粮南运通道，确保平时产得出、供得足，极端情况下顶得上、靠得住。深入践行大食物观，构建多元化食物供给体系，多途径开发食物来源，推动形成粮经饲统筹、农林牧渔多业并举的产业体系，加快建设食品工业大省。聚焦高标准农田建设，加大投入力度，深入实施黑土地保护工程，进一步夯实粮食安全根基。加快推进种业科技创新，全面加强种质资源保护利用和种源"卡脖子"技术攻关，让"中国碗"装上更多"辽宁粮"。

打造高品质文体旅融合发展示范地。辽宁生态资源优势得天独厚，各类生态场景一应俱全。良好的生态环境是推动文体旅产业融合发展的稀缺资源和宝贵财富。我们深入践行习近平生态文明思想，牢固树立和践行"绿水青山就是金山银山、冰天雪地也是金山银山"理念，坚决扛起生态文明建设和生态环境保护政治责任，打好"生态牌"、念好"山海经"、走好"绿色路"，建设人与自然和谐共生的美丽辽宁，更好维护国家生态安全。持续打好蓝天、碧水、净土保卫战，坚持精准治污、科学治污、依法治污，持续改善空气质量和河湖、近岸海域水质，深化辽河流域、渤海（辽宁段）等综合治理，加快实施城市更新行动。深入实施"绿满辽宁"工程，坚持山水林田湖草沙一体化保护和修复，加快建设辽河口国家公园，持续推进采煤沉陷区、废弃矿山的复绿和综合治理，坚决打好打赢科尔沁沙地歼灭战，筑牢中国北方生态屏障。深入挖掘历史文化、红色文化、工业文化、民族文化等特色文化资源，用好山水、冰雪、滨海、温泉等自然生态资源，以筹办第十五届全国冬运会为抓手，大力发展冰雪经济，叫响"山海有情、天辽地宁"。

打造东北亚开放合作枢纽地。辽宁地处东北亚经济圈核心地带，是东北地区唯一的陆海双重通道，是"一带一路"建设的重要节点，是连接欧亚大陆桥的重要门户，在国家区域发展战略中作用突出。我们充分发挥区位优势，深化与 RCEP（《区域全面经济伙伴关系协定》）成员国经贸合作，积极推进中蒙俄经济走廊建设，打造成为深度融入“一带一路”高质量发展的重要节点、国家向东向北开放的重要战略支撑、东北亚区域合作的中心枢纽，在畅通国内大循环、联通国内国际双循环中发挥更大作用。加快构建高能级开放合作平台，推进经济开发区体制机制创新，深入实施自贸试验区提升战略，高标准建设中德（沈阳）高端装备制造产业园、中日（大连）地方发展合作示范区、中俄（沈阳）经贸合作产业园，办好大连夏季达沃斯论坛、中国国际装备制造业博览会、全球工业互联网大会等重大展会，全力打造对外开放新前沿。主动对接京津冀协同发展、长江经济带发展等国家重大战略，加强产业发展、科技创新、人才交流等方面的务实合作，更好融入全国统一大市场。

四、坚持党对国家安全工作的绝对领导，为维护国家“五大安全”提供坚强保障

习近平总书记在二十届中央国家安全委员会第一次会议上强调，“要全面贯彻党的二十大精神，深刻认识国家安全面临的严峻复杂形势，正确把握重大国家安全问题，加快推进国家安全体系和能力现代化，以新安全格局保障新发展格局，努力开创国家安全工作新局面”。我们全面准确贯彻落实习近平总书记的重要指示精神，扎实推进国家安全体系和能力现代化，积极维护和塑造有利于辽宁全面振兴的安全环境，以一域之稳为全局之安作出贡献。

强化政治保障，坚持党的绝对领导。习近平总书记指出，要坚

持党对国家安全工作的绝对领导，实施更为有力的统领和协调。坚持党的绝对领导是做好国家安全工作的根本原则。在履行维护国家“五大安全”政治使命中，我们始终坚持党对国家安全工作的绝对领导、坚持党中央对国家安全工作的集中统一领导，不断健全责任圈层、拧紧责任链条，建立督查考核与政治巡视双向反馈机制，制定《辽宁省党委（党组）国家安全责任制督查考核办法》，将贯彻执行党委（党组）国家安全责任制纳入省委督导督查和全省工作实绩考核指标体系，将考核结果作为干部选拔任用和管理监督的重要依据。各级党委书记认真履行第一责任人职责，切实把党的领导贯穿到国家安全工作各方面全过程，不折不扣把党中央关于国家安全工作的决策部署落到实处。

强化组织保障，健全完善维护国家“五大安全”工作体系。坚持系统观念，加强前瞻性思考、全局性谋划、整体性推进，围绕维护国家“五大安全”，结合辽宁实际，建立了国防科工、粮食、生态、能源、产业等重点领域协调联系制度，强化跨部门、跨领域协同联动，推动总体国家安全观、国家安全战略决策和法律法规宣传贯彻实施，组织开展风险评估、监测预警、会商研判，形成体系性合力和战斗力。我们从维护国家“五大安全”的战略高度，将“五大安全”建设与全面贯彻新发展理念、有效扩大内需、持续增强创新能力有机结合起来，出台《辽宁省统筹发展和安全推进实施若干重大工程行动方案》，围绕“五大安全”实施10项重大工程，把维护国家“五大安全”贯穿推进辽宁全面振兴全过程各方面，形成对国家安全与发展的坚强支撑，为推进中国式现代化作出辽宁贡献。

强化基础保障，筑牢国家安全人民防线。健全制度机制提效力，完善人民群众参与维护国家安全的制度机制，坚持从护航辽宁实现高质量发展、振兴新突破出发，找准人民防线工作的切入点和着力点，充分发挥人民防线网络覆盖面广、工作触角多的职能优势，加强风险感知和防范处置，探索构建新安全格局的辽宁实践。突出专群结合强能力，充分发挥辽宁高校、科研机构专业人才优势，加强国家安全智库建设，为风险监测预警评估提供智力支持。牢固树立强基导向，加强基层群防群治力量的培养和发展，夯实国家安全专群结合的工作基础。深入宣传教育聚合力，把总体国家安全观纳入全省各级党委（党组）理论学习中心组学习内容和各级党校（行政学院）培训计划，发挥党政机关示范带动作用，推进国家安全教育进机关、进企业、进学校、进乡村、进社区、进军营、进网络，持续完善教育体系、丰富教育形式、拓展教育覆盖、建设教育基地，切实增强全民国家安全意识和素养。

强化队伍保障，打造坚不可摧的国家安全干部队伍。国家安全干部是维护国家主权、安全、发展利益的重要力量。我们着力打造坚不可摧的国家安全干部队伍，坚持以政治建设为统领，教育引导国家安全部门和各级干部深刻领悟“两个确立”的决定性意义，增强“四个意识”、坚定“四个自信”、做到“两个维护”。坚持加强能力建设，强化干部斗争精神和斗争本领培养，全面提升法律政策运用能力、防控风险能力、群众工作能力、科技应用能力、舆论引导能力。坚持严管厚爱相结合，把从严管理贯彻落实到干部队伍建设全过程，努力营造风清气正、干事创业的良好生态，关心爱护国家安全干部，为他们成长成才提供便利条件和广阔舞台。

坚决贯彻落实总体国家安全观 深化以高水平安全保障高质量发展的山东实践

山东省委书记、省人大常委会主任　林　武

中央经济工作会议认为，必须坚持高质量发展和高水平安全良性互动，以高质量发展促进高水平安全，以高水平安全保障高质量发展，发展和安全要动态平衡、相得益彰。作为沿海经济大省、人口大省、开放大省，山东深入学习贯彻习近平新时代中国特色社会主义思想，全面践行总体国家安全观，坚持把统筹高质量发展和高水平安全贯穿经济社会发展各方面全过程，以安促强、以强求安，不断深化中国式现代化山东实践，努力在护航强国建设和民族复兴中展现山东担当、贡献山东力量。

一、切实提高政治站位，持续增强统筹高质量发展和高水平安全的高度自觉

山东省委始终胸怀“国之大者”，认真贯彻落实习近平总书记关

于统筹发展和安全的重要论述和党中央各项决策部署，以实际行动坚定拥护“两个确立”、坚决做到“两个维护”。

一是深化理论武装。思想是行动的先导，理论是实践的指南。统筹高质量发展和高水平安全，必须用科学理论统一意志和行动。山东省委坚持把学习贯彻习近平总书记关于统筹发展和安全的重要论述与学习贯彻习近平新时代中国特色社会主义思想融会贯通起来，省委常委会会议第一时间跟进学习习近平总书记有关重要讲话精神，研究贯彻措施。省委理论学习中心组、主题教育读书班结合贯彻总体国家安全观、统筹发展和安全等开展专题学习研讨。省委常委同志点题举办市厅级领导干部统筹发展和安全专题培训班，领题开展提高领导干部统筹发展和安全能力专项研究，牵头组织编写山东贯彻落实总体国家安全观白皮书、统筹发展和安全案例等读本，推动全省各级深化学思践悟，理论武装不断走深走实。

二是谋实工作思路。统筹发展和安全是系统工程，必须坚持系统谋划、一体推动。山东用心领悟习近平总书记关于统筹发展和安全的重要论述，适应形势发展需要，不断创新完善安全发展思路。**以规划引领安全发展。**省第十二次党代会、省委历次全会对统筹发展和安全作出专章部署，并把加强风险防控创新作为全省“十大创新行动”之一；省“十四五”经济社会发展规划、黄河流域生态保护和高质量发展等规划和行动方案，均把“守牢安全发展底线”摆在突出位置，专门作出安排部署。**以制度保障安全发展。**探索建立发展和安全同步研究谋划、同步决策部署、同步推进落实、同步考核奖惩的“四同”制度，健全重大决策社会稳定风险评估规范化运行机制，推动各级各部门单位完善具体制度规定，形成统筹发展和安全的刚性约束。**以体系**

赋能安全发展。把各领域各部门安全工作置于全省“大安全”格局中系统把握，建立具有山东特色的“13+8+1”协调机制体系，统筹政治、经济、海外利益等 13 个重点领域，完善跨部门会商、风险监测预警等 8 个专项机制，将国家安全人民防线建设融入其中，全领域、全方位推进安全发展工作。

三是强力推进落实。统筹发展和安全既是重大理论问题，也是重要实践要求，必须扎根在思想上、落实在行动上。**以上率下抓落实。**修订省委常委会、省委主要负责同志以及省委常委工作职责，将贯彻总体国家安全观、统筹发展和安全等作为重要职责内容，省级领导同志带头向省委国安委报告履行国家安全职责情况，切实做到明责知责履责担责。**细化清单抓落实。**系统摸排各领域突出风险，制定影响全省高质量发展的突出风险问题及防范化解措施清单，由省委主要负责同志负总责，省委常委分工负责抓落实，层层压实工作责任。**严督实考抓落实。**出台贯彻落实《中国共产党领导国家安全工作条例》的若干措施，建立贯彻党委（党组）国家安全责任制情况专项督查制度，坚持把国家安全工作纳入各市高质量发展综合考核和省直部门单位绩效考核，率先建立国家安全专项表彰奖励制度，激励各级履职尽责、担当作为，形成共同抓落实的生动局面。

二、全力维护政治安全，为推动高质量发展提供安全稳定的政治社会环境

习近平总书记强调，防范化解重大风险，首要任务是维护以党的

执政安全和我国社会主义制度安全为核心的国家政治安全。山东坚持以政治安全为根本，坚决依法防范打击境外敌对势力渗透窃密破坏活动，坚决防止各类风险向政治安全领域传导，确保政治社会大局持续稳定。

一是筑牢反渗透反颠覆坚固防线。山东拱卫京畿、扼控黄渤海、面向东北亚，战略地位重要，必须扎紧各领域防渗透反颠覆篱笆，切断境内外勾连渠道，坚决消除各种政治隐患。**有效防范应对美西方渗透破坏活动。**紧盯美西方反华势力动向，妥善处置美西方敌对势力插手利用环保、劳工、妇女、宗教、高校、新经济、新业态等领域敏感案事件，组织开展危害国家安全犯罪溯源治理、劳动及高校等领域政治安全专项行动，破获多起策反拉拢和渗透窃密案件，不让任何有政治企图的阴谋得逞。**维护民族宗教领域安全。**建立全省防范化解涉民族宗教矛盾风险工作机制，定期召开民族宗教领域风险隐患研判专题会议，深入开展非法宗教活动治理、互联网宗教事务治理等专项行动，有效维护全省民族宗教领域持续稳定。**构建高水平反间谍斗争体系。**加强省市县乡四级国家安全人民防线建设，持续推进基层人民防线与社会治理网格“两网合一”，“十四五”以来山东 12339 公民举报受理量位居全国前列，破获一批重大案件。

二是牢牢把握意识形态斗争主动权。严格落实意识形态工作责任制，健全完善“两张清单”管理机制，稳妥处置重大突发敏感舆情，坚决维护意识形态安全。**一方面**，加强网络综合治理体系建设，健全重大决策事项网络舆情风险评估办法，持续开展“治乱净网　强基固本”专项行动，旗帜鲜明开展网上斗争，营造清朗向上的网络空间。**另一方面**，加强高校意识形态工作体系建设，积极推动哲学社会科学发展，深化思政课一体化建设，加强高校师生思想动态分析和教育引导，守住守牢高校意识形态前沿阵地。

三是坚决打赢重大维稳安保攻坚战。圆满完成党的十八大、党的十九大、上合组织青岛峰会、青岛海军节、改革开放40周年、新中国成立70周年、建党100周年、北京冬奥会、党的二十大以及每年全国两会等重大维稳安保任务，成功实现“六个不发生”“三个不出事”的总体目标。**以最高站位统筹指挥。**成立以省委、省政府主要负责同志任总指挥的维稳安保指挥部，周密制定维稳安保工作方案，统筹推动维稳安保工作有序开展。**以最严标准源头防控。**建立省市县三级维稳安保情报信息研判处置联合值班机制，深入推进安全稳定风险隐患大排查大整治，严管危爆物品，从源头上消除不安全不稳定因素。**以最实举措严管严控。**及时启动战时安保机制，梯次启动环京“护城河”高等级查控勤务，全面落实“1、3、5分钟”快速反应机制，加强区域协作，坚决守好首都安全“南大门”、筑牢政治安全“护城河”。

三、加快补齐安全发展短板，提高保障和促进高质量发展的能力

习近平总书记强调，推动高质量发展要紧盯本地区影响和制约高质量发展的问题短板及其根源，开展靶向治疗。山东立足省情实际，聚焦突出风险和薄弱环节，有针对性地补短板、强弱项、固底板，努力实现高质量发展和高水平安全良性互动。

一是精准施策促进经济回升向好。只有经济健康发展，才能更好地补短板、固底板、化矛盾。我们把稳增长作为经济安全压舱石，健全经济安全风险监测预警体系，制定促进经济加快恢复发展一揽子政策，经济稳中有进、量质齐升。2023年地区生产总值达到9.2万亿元、增长6.0%，主要经济指标增幅均高于全国平均水平。**着力扩大有效投资。**聚焦数字经济、能源供应转型、“新三样”及战略性新兴产业、先进制造业及传统产业转型、基础设施等领域，谋划推进1.5万个省市县三级重点项目,2023年完成投资2.8万亿元。**着力推动消费复苏。**持续实施促消费“十大专项行动”，积极推进智能家电、新能源汽车下乡，文旅市场加快复苏，引领带动社会消费品零售总额稳步增长。**着力促进外贸提质。**出台推动外贸外资稳规模优结构、跨境电商跃升发展行动等政策措施，2023年高技术产业利用外资增长47%。2024年春节后首个工作日，召开全省大会，深入谋划推进高水平开放、高质量招商引资，着力稳定外贸基本盘、培育外贸新动能。

二是标本兼治提高产业链供应链安全水平。山东工业基础雄厚，是全国产业门类最齐全的省份之一，同时也面临外部打压遏制、断链断供风险，必须更好统筹当前和长远，做好补链强链固链文章。**抓补链、促风险化解。**全面开展产业竞争力调查和安全评估，健全产业救济机制，多措并举化解断链断供风险，特别是在加强国产替代应用方面取得积极成效。**抓强链、促实力提升。**壮大领航型企业，梯次培育一批专精特新、“单项冠军”企业，2023年全省形成180个雁阵形产业集群，累计培育省级特色集群100家，培育国家中小企业特色产业集群15家、数量居全国首位。**抓固链、促改造升级。**深入推进产业基础再造工程，优化石化、钢铁、铝等产业布局，实施500万元以上技改项目超过 1.2 万个，传统优势产业焕发新生机。大力发展数字经济，推动数字产业化、产业数字化，以数字变革引领全面转型。

三是锐意创新突破科技“卡脖子”问题。围绕解决好关键核心技术受制于人的问题，加快建设高水平创新型省份，省级财政科技投入连年增长，2023 年达 145 亿元，创新体系整体效能明显提升。**聚焦创新平台建设**，打造“1313”四级实验室体系，崂山实验室加速入轨运行，全国重点实验室获批 21 家，建设省实验室 9 家、省重点实验室 277 家。国家盐碱地综合利用技术创新中心成功获批。**聚焦核心技术攻关**，布局实施 110 多项重大科技项目，工业母机、碳纤维、合成橡胶等国产替代实现突破，涌现出全球首艘 10 万吨级养殖工船“国信 1 号”、世界首套高速磁浮交通系统、全球首款“国密算法物联网安全芯片”等一批重大科技成果。**聚焦人才培养**，创建人才聚集和培育的高层次平台，推动人才链、教育链、产业链、创新链融合发展，2023 年以海内外最高学术机构院士为代表的顶尖人才达 164 人、比 2022 年增长 35.5%，省级以上领军人才 7400 余人。

四是系统治理防范化解金融领域风险。坚持系统观念，按照“稳定大局、统筹协调、分类施策、精准拆弹”的策略方法，坚决守住不发生系统性金融风险的底线。**中小金融机构方面**，深入推进“金安工程”，全方位加强非法集资、金融机构、企业流动性风险等五大监测预警系统，建好用好金融风险防控大数据平台，集中力量化解处置重点领域风险隐患，全省不良贷款率连续 5 年下降，2023 年末保持在 1.16% 的较低水平，央行评级高风险银行机构全部清零。**房地产方面**，构建房地产项目省市县三级包保责任制，动态更新全省在建在售风险项目清单，紧盯复工和交付两个环节，多措并举推进风险化解。

2023年全省516个“保交楼”项目全部正常施工，年度交楼任务超额完成，新建商品房网签面积居全国首位。**地方债方面**，制定全省防范化解地方债务风险一揽子方案，强化政府债务、隐性债务、城投债务“三债统管”，坚决遏制增量、消减存量。在全国率先单独编制债务预算（计划），构建地方全口径债务风险监测预警机制，债务风险防控取得积极成效。

四、积极发挥地方所能，在服务高质量发展全局中展现山东作为

习近平总书记深刻指出，国家安全绝非某一领域、某一部门的职责，要求形成汇聚党政军民学各战线各方面各层级的强大合力。山东围绕服务全国大局，积极发挥比较优势，努力为构建与新发展格局相适应的新安全格局作出山东贡献。

作为农业大省，山东在保障粮食安全上奋发有为。山东粮食总产量连续10年稳定在千亿斤以上，2023年达1131.1亿斤、占全国近1/12。端牢“中国饭碗”，我们责无旁贷。**严守耕地保护红线。**落实最严格的耕地保护制度，在国内率先实行县乡村三级“田长制”，大力开发各类非传统耕地资源，积极探索盐碱地综合利用等新模式。2023年全省粮食播种面积12581.9万亩，累计建成高标准农田7643.7万亩，耕地面积净增加128万亩，连续3年实现净增加。**强化种业振兴支撑。**主要粮食作物良种实现全覆盖，小麦品种“济麦22”累计推广面积3.5亿亩，连续11年稳居全国小麦种植面积首位，耐盐碱

大豆“齐黄34”突破亩产350公斤，创全国夏大豆高产纪录。**加大农业科技赋能。**持续推进农业关键技术攻关，积极转化推广先进农业技术，2023年全省农业科技进步贡献率达到66.8%。加强粮食储备管理，各类粮食库存统算可满足全省城乡居民一年以上的口粮消费。

作为文化大省，山东在守护文化安全上奋发有为。山东是中华文明重要发祥地、儒家文化发源地、沂蒙精神诞生地，维护文化安全责任重大。**大力践行社会主义核心价值观。**创新实施全环境立德树人，建成文明实践基地4800余个，实现县镇村三级新时代文明实践中心（所、站）全覆盖，扎实开展美德和信用“五进”工程、“五为”文明实践志愿服务，“厚道山东人”金招牌更加闪亮。**大力弘扬中华优秀传统文化。**举办9届尼山世界文明论坛，国际影响力不断提升。实施“山东文脉”工程，组织编纂大型文献《齐鲁文库》，加强“中华文明探源工程”“考古中国”山东课题研究，全省建成154个尼山书院、2.4万个乡村儒学讲堂，中华优秀传统文化润心育人作用更加彰显。**大力传承红色基因。**实施红色文化与国家安全宣传教育融合发展工程，深入阐发弘扬沂蒙精神，开展“进红色文化场所、听红色革命故事、担民族复兴大任、做时代新人”教育实践活动，推动红色文化代代相传。

作为海洋大省，山东在维护海洋安全上奋发有为。山东是祖国海疆“东大门”，海岸线约占全国1/6。我们坚持维护海洋安全与建设海洋强省一体推进，做好经略海洋大文章。**强化海洋安全支撑。**实施“透明海洋”工程，成立山东省海域动态监视监测和海洋灾害应急救援中心，开展海洋预报数字化提升行动，打造“陆海空天”一体化安全保障体系。**确保海洋生态安全。**划定海洋生态红线区224个，实现重要海洋生态脆弱区、敏感区全覆盖，在全国率先完成近岸海域海洋环境放射性现状调查。实施“净滩2023”专项行动，打好渤海区域环境综合治理攻坚战，2023年全省近岸海域水质优良比例达到95.6%。**坚决维护海洋权益**。统筹近海远海，构建军民共建共享的智慧海防体系，开展“商渔共治”“渔政亮剑”“守海护岸”系列执法行动，依托海洋牧场实施“牧海戍边”工程，筑起坚不可摧的“海上长城”。

作为开放大省，山东在保护海外利益上奋发有为。山东有海外华侨华人、港澳同胞120多万人，与“一带一路”119个国家有科技文化交流和经贸往来。面对复杂多变的外部环境，山东坚持统筹开放和安全、统筹国内和国际、统筹整体和重点，积极应对风险挑战。**一方面**，落实风险防控制度，建立维护海外利益工作联动、数据资源、方案预案“三个体系”，全面核清全省海外利益底数，汇总境外投资等25大类1000余万条数据信息，动态掌握涉外安全需求，压紧压实企业主体责任和主管部门管理责任。**另一方面**，加快提升涉外危机管控能力，实施海外重大项目和人员全过程监管保护，建立涉外法律律师团和专家库，加强同投资对象国在安全领域的合作，努力打造利益共同体、责任共同体、命运共同体。

五、始终坚持人民安全宗旨，汇聚共筑高质量发展安全屏障的强大合力

习近平总书记反复强调，国家安全一切为了人民，一切依靠人

民。山东始终把维护人民群众安全权益作为防范化解重大风险的根本着眼点和落脚点，积极回应人民新期盼、满足民生新需求，在全社会形成共谋大发展、共护大安全的浓厚氛围。

一方面，切实增强人民群众的安全感。安全是人民的基本需要，是最基本的民生。我们聚焦人民群众最关心最直接最现实的安全问题，办实事、解民忧，让人民群众的安全感可感可及。**突出抓安全生产。**探索建立风险分级管控和隐患排查治理双重预防体系，覆盖企业4.9万家，累计辨识管控风险点191.6万个。扎实推进安全生产专项整治三年行动，聚焦道路交通、建筑施工、渔业、消防等重点行业领域，开展重大事故隐患专项整治。从严落实安全生产责任制，谋划实施“8抓20条”创新举措，运用法律、经济、行政、舆论、群防群治5个手段，压紧压实企业主体责任，连续10年实现生产安全事故起数和死亡人数“双下降”，安全生产形势持续稳定向好。**突出抓防灾减灾救灾。**抓好防汛抗灾、防震减灾、极端天气等防范应对工作，健全省市县三级自然灾害普查工作体系，高标准建设5个省级区域性应急救援中心，建成省应急物资管理信息平台，有效应对“梅花”台风和1964年以来汛期最大降水，全力保障人民群众生命健康和财产安全。**突出抓社会治理。**坚持和发展新时代“枫桥经验”，省市县乡四级全部建立综治中心，依托各级综治中心建设“一站式”矛盾纠纷多元化解中心，及时回应群众诉求。加强和改进信访工作，在全省10年以上信访积案全部“清零”基础上，实现5年以上信访积案全部“清零”。

另一方面，大力提升全民国家安全意识和素养。坚持把加强全民国家安全教育作为基础工程，充分发挥人民群众的主体作用，铸就全民共护国家安全的铜墙铁壁。**夯实阵地建设。**以 2018 年 6 月习近平总书记亲临刘公岛视察为契机，充分挖掘威海市全域国家安全宣教资源，高起点规划建设总体国家安全观刘公岛教育培训基地，基地建成以来累计接待全国各地参观培训人员 600 余万人次。实施全省国家安全宣传教育阵地"提质扩面增效行动"，构建"2+4+10+N"宣教阵地体系，全省建成总体国家安全观主题展馆 17 家、国家安全主题公园 214 个，并逐步向乡镇、社区延伸。**突出重点对象。**抓好领导干部这个"关键少数"，将国家安全教育纳入领导干部教育培训体系、公务员培训体系，省市县三级党校（行政学院）普遍将国家安全纳入主体班次和专题班次教学内容。抓好青少年学生重点群体，全省大中小学校普遍开设国家安全课程，其中各本科高校开设国家安全教育相关公共选修课、公共必修课91门，选课学生约28万人。**注重群众参与。**连续 4 年将"4・15"全民国家安全教育日拓展为全省宣传周，广泛开展"百万群众进百园"国家安全大宣讲活动，全省各地累计参与活动的干部群众达 1000 万人次；连续举办 3 届全民国家安全宣传教育创意大赛，征集参赛作品近 10 万件，参赛人员遍布全国 20 多个省区市；创新举办国家安全人民防线"金牌宣讲员"评选活动，形成宣传效果和能力倍增效应。

随着工作实践不断向纵深推进，我们对统筹发展和安全的认识日益深化、责任不断增强、行动更加自觉。站在新的历史起点上，奋力谱写中国式现代化山东实践的崭新篇章，必须更好统筹发展和安全，交出山东高质量发展和高水平安全互促共进的亮丽答卷。

——必须学好用好总体国家安全观这把"金钥匙"。总体国家安全观是习近平新时代中国特色社会主义思想的"国家安全篇"，是我们战胜前进道路上各种风险挑战的有力思想武器。近些年来，面对外部打压、疫情冲击等严峻挑战，在以习近平同志为核心的党中央坚强领导下，山东深入践行总体国家安全观，锚定“走在前、开新局”，以建设绿色低碳高质量发展先行区为总抓手，统筹抓发展、促改革、惠民生、防风险、保稳定各项工作，全省经济持续回升向好，综合实力不断跨越提升，社会大局保持和谐稳定，山东成为全国最安全最稳定省份之一。实践有力证明，总体国家安全观不仅是防风险、保安全的锐利武器，更是促发展、开新局的重要遵循。**新征程上**，广大党员干部特别是领导干部必须以更高标准、更严要求、更实举措，深入学习贯彻总体国家安全观，深刻理解其核心要义、精神实质、丰富内涵、实践要求和科学方法，切实做到学懂弄通做实，以实际行动坚定拥护“两个确立”、坚决做到“两个维护”。

——必须坚定扛牢统筹发展和安全重大政治责任。能否统筹好发展和安全，是对各级干部政治站位高不高、肩膀能不能负重的现实检验。山东省委省政府坚决贯彻习近平总书记关于统筹发展和安全重要指示要求，坚持把防范化解重大风险作为全省各级党委政府和领导干部的政治职责，成立省市县三级党委国安委，调整完善全省平安山东建设、意识形态和宣传思想、重大活动维稳安保等工作领导小组，省委主要负责同志担任组长，省级领导同志分工负责，系统梳理风险及防范化解责任清单，科学编制防风险预案，常态抓好督导落实，切实守好各领域安全发展底线。**新征程上**，我们要准备经受风高浪急甚至惊涛骇浪的重大考验，必须不断增强“时时放心不下”的责任感，紧紧抓住党委（党组）国家安全责任制这个“牛鼻子”，健全发展和安全同步研究谋划、同步决策部署、同步推进落实、同步考核奖惩的制度规范，切实做到守土有责、守土负责、守土尽责。

——**必须推进防范化解重大风险的方法手段创新。**统筹高质量发展和高水平安全，对推进防范化解风险方法手段创新提出了更高要求。山东坚持系统观念，建立部门协调联动机制，织密风险感知识别、研判预警、防控处置全链条防护网；坚持理念创新，立足“早”“准”“快”“实”，精准识别和应对处置各类风险；坚持科技赋能，积极承担全国风险监测预警体系建设试点，运用人工智能、大数据等先进技术提升风险防范能力，维护海外利益安全、国家安全宣传教育等多项工作走在前列。**新征程上**，我们必须与时俱进推进防范化解风险的思路理念、体制机制和手段方式变革，深刻把握新形势下国家安全制胜要素、制胜方式的重大变化，锐意改革创新，做到准确识变、科学应变、主动求变，牢牢掌握应对风险综合体的主动权。

——**必须打好新时代维护国家安全的总体战和人民战争。**构建与新发展格局相适应的新安全格局，重在汇聚党政军民学各战线各方面各层级强大合力。实践中，我们坚持把山东各项工作放在党和国家事业发展大局中来谋划和定位，建立健全纵向贯通省市县三级、横向覆盖各领域各部门单位的工作体系，形成了各重点领域分兵把守、各级各部门协调联动、社会各方面共同参与的统筹发展和安全工作格局。特别是注重从人民群众反映强烈的安全问题抓起，始终把人民作为国家安全和各项事业发展的基础性力量，不断提升全民国家安全意识和素养，在齐鲁大地奏响“国家安全有我在、强国建设我担当”的时代强音。**新征程上**，我们要紧紧依靠广大人民群众，最大程度汇聚各方面资源力量，加快构建全域联动、立体高效的国家安全防护体系，坚决打赢新时代维护国家安全的总体战和人民战争。

我们一定要更加紧密地团结在以习近平同志为核心的党中央周围，坚决贯彻落实总体国家安全观，锚定“走在前、开新局”，稳扎稳打、踏踏实实，勇挑重担、主动作为，加快构建与新发展格局相适应的新安全格局，以高水平安全保障高质量发展，努力为推进中国式现代化贡献山东力量。

统筹边疆民族地区高质量发展和高水平安全　筑牢祖国南疆安全屏障

广西壮族自治区党委书记、自治区人大常委会主任　刘　宁

习近平总书记在中央经济工作会议上指出，必须坚持高质量发展和高水平安全良性互动，以高质量发展促进高水平安全，以高水平安全保障高质量发展。广西作为我国少数民族人口最多的自治区和革命老区、边疆地区，坚持以习近平新时代中国特色社会主义思想为指导，深入贯彻落实习近平总书记对广西重大方略要求，坚定不移贯彻总体国家安全观，全力防范化解各类风险隐患，坚决筑牢祖国南疆安全屏障，努力在维护国家安全上作出新的更大贡献。

一、坚决扛起边疆民族地区维护国家安全重大政治责任

习近平总书记对祖国南疆繁荣稳定高度重视，作出一系列重要指示要求。2023 年 12 月，习近平总书记亲临广西视察，发表重要讲话，肯定广西工作，勉励广西解放思想、创新求变，向海图强、开放

发展，努力在推动边疆民族地区高质量发展上展现更大作为，在建设新时代中国特色社会主义壮美广西上不断取得新进展，奋力谱写中国式现代化广西篇章，强调要持续推进新时代兴边富民行动，提升管边控边能力，有效防范化解各类风险，坚决守住守好祖国的“南大门”。我们深刻领悟“两个确立”的决定性意义，增强“四个意识”、坚定“四个自信”、做到“两个维护”，牢记习近平总书记殷切嘱托，着力统筹高质量发展和高水平安全，加快推进全区国家安全体系和能力现代化，不断开创全区国家安全工作新局面，更好服务党和国家工作大局。

压紧压实国家安全工作责任。深入学习贯彻习近平总书记关于国家安全的重要论述，结合扎实开展学习贯彻习近平新时代中国特色社会主义思想主题教育，举行自治区党委理论学习中心组集体学习、专题读书会、学习研讨班等系统学习，不断增强统筹高质量发展和高水平安全的政治自觉、思想自觉和行动自觉。把维护国家安全纳入新时代壮美广西建设“1+1+4+3+N”目标任务体系，认真贯彻落实国家出台的支持新时代壮美广西建设重要文件，多次召开自治区党委常委会会议、自治区党委国家安全委员会全体会议研究，将维护国家安全贯穿到全区工作各方面全过程，同全区经济社会发展一同谋划、一同部署、一同落实，从地方层面配合中央统筹抓好政治安全、国土安全、经济安全、文化安全、社会安全、科技安全、网络安全、生态安全、核安全等重点领域国家安全工作，筑牢维护祖国南疆安全的铜墙铁壁。

建立健全全区国家安全工作体系。自治区党委把保障国家安全作为头等大事，牢固树立国家安全工作“一盘棋”意识，认真履行主体责任，全面落实《中国共产党领导国家安全工作条例》《党委（党组）国家安全责任制规定》，将国家安全工作纳入绩效考核和巡视巡察范畴，推动国家安全责任落实、制度落实、工作落实。组建自治区、市、县三级党委国安委、国安办，构建党委统筹抓总、部门各司其职、条块紧密结合、上下协调联动的大安全格局，做到守土有责、守土负责、守土尽责。建立完善重点领域国家安全工作协调机制和风险监测预警体系，重点在联防联控、群防群控、科技支撑等方面下功夫求实效，及时研究分析全区政治、经济、文化和意识形态、核、海外利益、生物、数据、民族宗教等涉国家安全议题和动态，深入开展反渗透、反颠覆、反分裂、反邪教斗争，强化风险排查、分析研判和防范处置，保持全区政治社会大局和谐稳定。

积极加强国家安全宣传教育。突出“大安全”理念主题引领，开展形式多样的宣传教育活动，推动国家安全教育进机关、进校园、进企业、进社区、进农村、进家庭，营造国家安全人人有责的浓厚社会氛围。组织开展“4·15”全民国家安全教育日集中宣传教育活动，举办总体国家安全观主题展览，开行“国安号”城市地铁，在边境少数民族聚居区开展“民族团结　共守南疆”系列集中宣传活动，不断创新国家安全教育内容、方式和载体。严格落实意识形态工作责任制，加强国家安全宣传教育阵地建设和管理，综合运用“报、网、端、微、屏”等媒体平台，开展全媒体国家安全宣传，有效扩大国家安全教育覆盖面，守好网络意识形态主阵地，切实维护网络安全，积极营造风清气正、健康清朗的网络空间，助力筑牢国家网络安全屏障。

二、立足广西实际更好统筹高质量发展和高水平安全

我们深入贯彻习近平经济思想，坚持稳中求进工作总基调，完整、准确、全面贯彻新发展理念，做好“三个统筹”，切实增强经济活力、防范化解风险、改善社会预期，推动经济回升向好、持续健康发展，严防经济社会领域风险向政治领域传导，推动高质量发展和高水平安全互为支撑、协同共进。

以高质量发展为硬道理因地制宜发展新质生产力。贯彻落实习近平总书记对广西提出的“加快构建现代化产业体系”的重要指示要求，召开全区构建现代化产业体系加快推进新型工业化大会，深入实施工业强桂战略和工业振兴三年行动，全力做好“原字号”“老字号”“新字号”“外字号”四篇强产业大文章，着力增强完备高效的产业配套能力，优化升级产业链，加快构建现代化产业体系。抢抓新一轮科技革命和产业变革机遇，结合广西实际超前布局建设人工智能、生命科学等未来产业，大力发展新一代信息技术、生物技术、新能源、新材料、高端装备制造等战略性新兴产业。加快推进中国—东盟信息港、国际通信业务出入口局、面向东盟的算力枢纽和通信网络枢纽等建设，大力发展数字经济。健全“产业出题、科技答题”机制，加强科技创新和产业创新深度融合，加快推动产业向高端化、智能化、绿色化转型，努力走出具有广西特色的产业高质量发展之路，为维护国家产业链供应链安全稳定贡献广西力量。

以高水平开放为导向打造国内国际双循环市场经营便利地。

习近平总书记指出，越是开放越要重视安全，要以新安全格局保障新发展格局。我们认真贯彻落实习近平总书记对广西提出的“持续扩大对内对外开放”“打造国内国际双循环市场经营便利地”的重要指示要求，在党中央的坚强领导和大力支持下，立足维护国家经济安全和开放安全，加快打造国内国际双循环市场经营便利地，大力提升投资便利化、贸易便利化、消费便利化、资金流动便利化、人员往来便利化、物流畅通便利化水平。妥善处理“市场经营便利”与“市场经营安全”的关系，高度警惕和积极防范高水平对外开放面临的各种风险挑战，构建与打造国内国际双循环市场经营便利地相适应的风险防控体系，发挥广西自贸区等开放平台的风险压力测试功能，切实增强风险监管和防控能力，守住市场安全底线，努力建设安全有序、风险可控的市场经营便利地和经贸往来安全区，确保既“放得开”又“管得住”。加快推进高效互联互通，高水平共建西部陆海新通道，高质量建设平陆运河，加快构建中国—东盟多式联运联盟，助力打造系统完备、高效实用、智能绿色、安全可靠的现代化基础设施体系，更好维护开放安全。面向东盟承接好“为国家试制度”的任务，切实提升内外开放能级，持续推动东博会、峰会“镶钻成冠”、升级发展，全面对接 RCEP(《区域全面经济伙伴关系协定》)等高标准国际经贸规则，稳步扩大规则、规制、管理、标准、商事等制度型开放，持续优化营商环境，助力提升我国在区域经济合作中的影响力和话语权。加快跨境货物贸易发展，优化大宗商品跨境流通服务体系，加快边境智慧口岸建设，打造高效便利的进出口通关服务体系，助力维护国家贸易安全。在严格落实“外防输入”的前提下，广西友谊关口岸创新货运交接模式，全力保障口岸通关顺畅，成为疫情期间我国唯一一个保持畅通的口岸，为稳定外贸和维护供应链安全作出积极贡献。

以服务国家战略安全为使命打造粤港澳大湾区重要战略腹地。加强国家战略腹地建设，是以习近平同志为核心的党中央面对当前复杂严峻的国际形势，从构筑更为均衡完备的生产力布局、夯实战略纵深、维护战略安全的角度作出的重大部署，是统筹高质量发展和高水平安全、构建新发展格局的重大举措。习近平总书记视察广西时，要求把广西打造成为粤港澳大湾区的重要战略腹地，赋予广西维护国家战略安全新的重要使命。广西充分发挥沿海沿江沿边、联接大湾区、联接西南中南、联接东盟“三沿三联”的区位优势，积极加强与广东、港澳的对接，当好大湾区的交通物流衔接地、产业发展辐射地、科技创新接续地、资源要素响应地、生态环境涵养地，助力粤港澳大湾区拓展战略纵深和开辟发展新空间。加快推进沿边临港产业园区和中国—东盟产业合作区建设，积极承接粤港澳大湾区等东部沿海地区产业转移，推动形成合理的产业分工和产业转移梯度，着力增强完备高效的产业配套能力，助力粤港澳大湾区提升产业辐射能力和产业备份能力，共同维护国家产业链供应链安全稳定。积极对接融入粤港澳大湾区创新链，加快建设面向东盟的科技创新合作区和集产业、教育、智库于一体的产教集聚示范区，推动高校、科研机构、企业共谋共建共享高层次科技创新平台，联合开展区域或国际重大科技攻关，推动形成科研创新前端和平台在粤港澳大湾区、后端转化和生产在广西的合作模式，助力粤港澳大湾区打造具有全球影响力的国际科技创新中心，为国家实现高水平科技自立自强贡献力量。

以耕地保护和粮食安全为首要统筹抓好“三农”工作。广西作为农业大区和粮食产销平衡区，深入贯彻落实习近平总书记关于“三农”工作的重要论述，切实抓好巩固拓展脱贫攻坚成果、推进乡村全面振兴等各项工作，加快农业农村现代化步伐。坚决扛稳耕地保护和粮食安全政治责任，推动高标准农田建设提质扩面，坚决遏制耕地“非农化”，有效防止“非粮化”，夯实粮食安全基础，争做有余粮省区，为保障国家粮食安全作出广西贡献。2023年，广西粮食生产连续4年实现面积、产量“双增长”。用足用好林果蔬畜糖等特色资源，深挖“土”的价值，走好“特”的路子，壮大“产”的动能，培育更多叫响大江南北的“桂字号”农业品牌，推动农村一二三产业融合发展，提升乡村产业质量和效益。统筹推进糖料蔗稳产提质增效和糖产业链优化升级，全面提升广西糖业综合竞争力，助力维护国家“糖罐子”安全。加强“南菜北运”“西菜东运”“南果北销”，保障好人民群众“菜篮子”“果盘子”，助力全国农产品保供稳价。

以能源安全新战略为引领加快建设国家综合能源安全保障区。贯彻落实习近平总书记提出的“四个革命、一个合作”能源安全新战略，针对广西缺煤、少油、乏气，但江、海、铁运输通道便捷，能源储备优势突出，清洁能源开发便捷的基本区情，大力发展水电、风电、太阳能、氢能、生物质能等清洁能源，稳妥推进清洁煤电、天然气发电，加快规划建设清洁低碳、安全高效的现代能源体系，努力建设形成千万吨级天然气接收储运基地、千万吨级国家石油储备基地、千万吨级国家煤炭储备基地、亿千瓦级大型清洁电源基地和统一开放的区域能源交易市场平台、中国—东盟能源国际合作示范区“四个基地、一个平台、一个合作区”的国家综合能源安全保障区，努力打造区域能源安全的压舱石和中国与东盟国家能源合作新高地，助力国家能源保障和安全。

以经济安全为保障防范化解金融领域风险。全面落实中央稳经济一揽子政策和接续措施，及时出台有利于稳预期、稳增长、稳就业的政策措施，不断巩固和增强经济回升向好态势。“一债一策”全力抓好地方债务风险防范化解，深入排查处置金融、非法集资、房地产等领域风险，依法查处违法违规举债融资行为，妥善处置涉众型经济案件，严防房地产、金融、财政等重点领域风险叠加共振，坚决守住不发生系统性风险底线。

三、巩固发展全区各族人民团结奋斗的良好局面

习近平总书记强调，团结奋斗是中国人民创造历史伟业的必由之路，勉励广西巩固发展各族人民团结奋斗的良好局面。我们牢牢把握团结奋斗的时代要求，充分发挥全区 15 万多个基层党组织和 253 万名党员的战斗堡垒和先锋模范作用，引领全区各族人民在党的旗帜下团结成“一块坚硬的钢铁”，心往一处想、劲往一处使，以新时代壮美广西建设为强国建设、民族复兴伟业添砖加瓦、增光添彩。

建设铸牢中华民族共同体意识示范区。习近平总书记称赞广西“民族团结、社会稳定、边疆安宁，八桂大地发生了翻天覆地的历史巨变”，“体现了党的民族政策和民族区域自治制度在祖国南疆的成功实践”，勉励我们继续在民族团结进步上走在全国前列、发挥示范带动作用。我们牢记嘱托，把铸牢中华民族共同体意识作为全区各项工作的主线，作为推进民族团结进步创建工作的根本方向，作为广西

5700多万各族人民凝心聚力团结奋斗的“三个共同愿景”之首，出台建设铸牢中华民族共同体意识示范区行动方案，着力构筑中华民族共有精神家园，建设共同富裕幸福家园、守望相助和谐家园、宜居康寿美丽家园、边疆稳定平安家园。既做看得见、摸得着的工作，也做大量“润物细无声”的事情，充分挖掘广西优秀民族文化资源，深化中华民族共同体意识宣传教育，提升“广西三月三”等特色品牌影响力，广泛深入推进各民族交往交流交融，促进各民族像石榴籽一样紧紧抱在一起，在党的旗帜下团结一心、共同奋斗。毫不动摇坚持和完善民族区域自治制度，坚持依法治理民族事务，出台一系列涉及民族事务的地方性法规和政府规章，使民族工作有章可循，有效防范化解民族领域风险隐患，“民族关系”连续多年是干部群众满意度最高的社会指标，全区超163万个家庭由两个以上民族组成，多民族的朋友圈、社交圈、生活圈成为常态，织就了各族人民长期和睦相处、和衷共济、和谐发展的美丽“壮锦”。

扎实推进各民族共同富裕。习近平总书记视察广西时强调，共同富裕是中国式现代化的特色之一，也是铸牢中华民族共同体意识的物质基础。我们坚持把脱贫攻坚、边疆稳定、民族团结工作一并研究、同步推进，全面打赢脱贫攻坚战，脱贫地区经济社会发展大踏步赶上来，整体面貌发生历史性巨变。抓好巩固拓展脱贫攻坚成果同乡村振兴有效衔接，严格落实“四个不摘”要求，促进脱贫群众持续稳定增收，及时消除返贫致贫风险，全面推进乡村振兴，牢牢守住不发生规模性返贫的底线。在2022年国家考核评估中，广西获综合评价“好”的等次，东西部协作成效考核位列西部第一。牢记让人民生活幸福是“国之大者”，每年将八成财政支出投向民生，加强兜底性、基础性、普惠性民生建设，突出抓好稳就业工作，着力解决好群众就业、教育、医疗、住房、养老、托幼等民生问题，让人民生活更具品质更有品位。

四、统筹推进新时代守边固边兴边

习近平总书记强调，治国必治边。广西有陆地边境线696公里，海域使用管理岸线1629公里，有9个边境口岸、27个互市贸易点。边境地区既是对外开放的前沿和展示国家形象的窗口，也是确保国土安全和生态安全的重要屏障。我们坚持底线思维、增强忧患意识，切实抓好管边控边能力建设，依法严厉打击各种渗透颠覆破坏活动，有力防范化解各种风险挑战，持续巩固发展民族团结、社会稳定、边疆安宁的良好局面。

深化与越南安全领域合作。习近平总书记2023年12月对越南成功进行历史性访问，与越共中央总书记阮富仲共同宣布携手构建具有战略意义的中越命运共同体，提出中越关系“六个更”目标，其中之一就是“安全合作更实”。我们从地方层面落实习近平总书记访越重要成果，依托广西与越南边境四省党委书记新春会晤暨联工委会晤等机制，加强与越南执法安全合作，积极推进在政治安全、反恐、网络安全和共同打击跨境犯罪等传统和非传统安全领域务实高效合作，积极拓展与越南中南部沿海省市海上合作，助力构建具有战略意义的中越命运共同体。

全力支持国防和军队建设。深入贯彻落实习近平强军思想，全力支持国防和军队建设，进一步完善国防动员体系，加强军地协调联动，帮助解决好部队建设和广大官兵的后路、后院、后代等问题，统筹做好退役军人事务工作，营造尊崇军人、关心军队、支持国防的良好氛围。进一步加强边境地区交通、能源、通信、应急等基础设施合建共用，加强军事后勤保障能力建设，积极参与部队物资供应、仓储服务、物流运输、医疗保障等工作，提高共建共用共享水平，不断提升军事后勤保障质量效益。全面深化新兴领域改革，扎实推进协同创新，推动新质生产力同新质战斗力高效融合、双向拉动。

大力加强边海防建设。完善党政军警民“五位一体”合力强边固防机制，弘扬“一个村就是一个哨所，一个边民就是一个哨兵”优良传统，推动军民合力共建边海防，加强风险预警、防控机制和能力建设，推进智慧边海防建设，抓好人防物防技防，构建陆海立体治安防控体系。完善边海疆治理体制机制，健全海上执法协作、反走私联防联治、海洋渔业管理等多方协作机制，依法管边控海，坚决切断暴恐势力、非法出入境人员内潜外逃通道，严密防范暴力恐怖风险，全力维护边境地区秩序稳定。

持续开展兴边富民行动。坚决贯彻党中央决策部署，统筹推进强基固边、开放睦边、产业兴边、民生安边、生态护边、团结稳边“六边”工程，推进边境综合交通运输网络体系建设，着力提升沿边地区开放发展水平，改善边民生产生活条件，不断筑牢沿边地区生态屏障，推动边境地区实现基础强、产业兴、开放活、共同富、生态美、边境安，全力保障沿边地区人民安定的生活环境和稳定的社会环境。

五、努力建设更高水平的平安广西

习近平总书记强调，国泰民安是人民群众最基本、最普遍的愿望。我们牢固树立“大平安”理念，推动建立大安全大应急框架，不断加强和创新社会治理，提高公共安全治理水平，坚决维护社会安全稳定，保障人民安居乐业。

提升应急处置能力。加强应急管理体系和能力建设，成立自治区应急管理委员会，抓好自治区、市、县、乡四级应急指挥中心（平台）建设，推动形成优化协同高效的应急管理工作格局。提升突发公共事件快速响应能力建设，建立健全舆情信息分级分类报送机制和专报机制，强化突发公共事件引导能力，加强应急培训演练，确保对突发公共事件快速反应、有效处置。运用大数据、云计算、人工智能、区块链等现代科技手段，加快“数字平安广西”建设，深化“雪亮工程”建设应用，实现安全风险尽早感知、科学研判、及时预警。扎实开展安全生产治本攻坚三年行动，加强重点行业领域风险隐患排查整治，做好洪涝干旱、森林火灾、地质灾害、地震等防范应对，不断夯实安全生产和防灾减灾救灾基层基础。全力配合做好东航“3·21”航空器飞行事故应急处置工作，得到党中央充分肯定。

加强和创新社会治理。深化全面依法治区工作，不断提升地方立法质效，全面推进严格规范公正文明执法，深化司法体制改革，大力弘扬社会主义法治精神，以良法保障善治。坚持和发展新时代“枫桥经验”，全面推行“综治中心＋网格化＋智能化”社会治理模式，做好市域社会治理现代化试点工作，开展重大涉稳问题和信访突出问题化解攻坚，推动信访工作法治化。健全社会治安防控体系，强化社会治安整体防控，常态化制度化推进扫黑除恶斗争，依法严厉打击走私、偷渡、偷越国（边）境和破坏国（边）防设施等各类违法犯罪活动。2023 年全区人民群众安全感达 98.54%，创历史新高。

加快建设健康广西。深入实施健康广西行动，大力健全疾病预防控制体系，完善突发公共卫生事件应对预案，强化食品、药品等安全监管，努力让全区人民享有更高水平的卫生健康服务。疫情期间，坚持“外防输入、内防反弹”总策略和“动态清零”总方针不动摇、不放松，严格压实属地、部门、单位、个人“四方”责任，坚持绝不畏难、绝不外传、绝不反弹，做严一线、做实二线、做强全线，境内外、海陆上、近远端联动，严格落实各项疫情防控措施和应急处置工作，最大限度保护人民生命安全和身体健康。平稳转段后，扎实推动“乙类乙管”防控措施落细落实，认真做好疫情监测预警、医疗救治能力建设、疫苗接种、医疗物资保供和应急物资储备等工作，兜住了“保健康、防重症”底线。

六、坚决筑牢我国南方生态安全屏障

习近平总书记多次称赞“广西生态优势金不换”，要求我们继续加大生态系统保护力度，筑牢我国南方生态安全屏障。我们牢记习近平总书记嘱托，深入学习贯彻习近平生态文明思想，加快美丽广西和生态文明强区建设，当好保护广西山山水水的“二郎神”。

建立健全维护生态安全体制机制。自治区党委出台《关于厚植生态环境优势推动绿色发展迈出新步伐的决定》，严格落实生态环境保护“党政同责、一岗双责”，落实落细生态保护红线制度，健全生态安全工作协调机制，形成生态环境保护工作齐抓共管“大环保”格局。强化重点领域重点行业环境风险源管控，常态化开展生态环境保护督察执法，狠抓生态环境保护督察反馈问题整改。稳妥推进碳达峰碳中和，协同推进降碳、减污、扩绿、增长，加快推进发展方式和产业体系绿色转型。率先实施生态保护正面清单、禁止事项清单，首次发布漓江生态环境质量报告并建立定期发布机制，漓江入选国家首批美丽河湖案例，广西在全国生态环境保护大会作交流发言。

持续提升生态环境质量。打好蓝天碧水净土保卫战，开展多污染物协同控制和区域污染协同治理，实施城乡黑臭水体整治，深化土壤污染防治先行区、地下水污染防治试验区建设，解决好老百姓身边的突出生态环境问题。统筹推进山水林田湖草沙系统治理，加强重点生态功能区、自然保护地等生态保护，深入实施漓江等重点流域和北部湾海域修复治理，保持山水生态原真性和完整性，科学推进岩溶地区石漠化综合治理。加快推进桂林世界级旅游城市建设，扎实推进西南岩溶国家公园、南宁国家植物园创建，成功举办第一届世界林木业大会。2023 年，我区生态质量指数连续 2 年居全国第二，生物多样性丰富度居全国第三，城市环境空气质量优良天数比例、地表水水质优良比例、近岸海域优良水质面积比例均居全国前列。

贯彻总体国家安全观
更好统筹发展和安全
奋力书写中国式现代化的北京篇章

北京市委常委、秘书长　赵　磊

十载伟大变革，凝聚磅礴力量。党的十八大以来，习近平总书记亲自擘画、亲自指挥、亲自推动，确立了以“五大要素”“五对关系”“五个统筹”“十个坚持”为核心要义的总体国家安全观。百年变局加速演进，以习近平同志为核心的党中央坚定不移走中国特色国家安全道路，作出一系列决策部署，出台一系列制度规定，推出一系列重大举措，战胜一系列风险挑战，为全面加强国家安全工作奠定了坚实基础。统筹发展和安全，是习近平新时代中国特色社会主义思想的重要组成部分，是贯彻总体国家安全观的基本要求，是新时代党治国理政的重大原则，是未来一个时期我国经济社会发展的重要指导思想之一，有着鲜明的时代特征，焕发出强大的理论魅力和实践伟力。

进入新时代，习近平总书记先后 11 次视察北京、21 次对北京发表重要讲话，作出一系列重要指示批示，充分体现了习近平总书记对北京发展的殷切期望、对首都干部群众的深情厚谊，为做好首都工作指明了方向。北京市认真学习贯彻习近平总书记关于统筹发展和安全的重要论述，切实增强“四个意识”、坚定“四个自信”、做到“两个维护”，紧紧围绕推进中国式现代化这个最大的政治，牢牢把握坚持高质量发展这个新时代的硬道理，全面推进国家安全体系和能力现代化，有效防范化解各类重大风险挑战，坚决确保首都政治绝对安全和社会持续稳定，在社会主义现代化事业新征程上走在前、作表率、筑首善，奋力书写统筹高质量发展和高水平安全的首都答卷。

一、充分认识统筹发展和安全的重大意义

国家安全是民族复兴的根基，社会稳定是国家强盛的前提。统筹发展和安全，是以习近平同志为核心的党中央统筹中华民族伟大复兴战略全局和世界百年未有之大变局，系统总结历史上大国兴衰经验和新中国推进社会主义现代化建设实践经验，立足新发展阶段国际国内新形势新情况提出的重大战略思想，是习近平新时代中国特色社会主义思想的重要组成部分，具有深刻的历史逻辑、理论思维和现实意义。

（一）准确把握统筹发展和安全的历史发展脉络

统筹发展和安全，绵延于中华民族生生不息漫长发展历程之中，根植于中国共产党百年奋斗实践和优良传统之中。早在春秋时期，左丘明所著《左传·襄公十一年》就记载了“居安思危，思则有备，有备无患”的箴言警句，生动表达并深刻阐释了中华民族千百年来的底线思维、忧患意识和处世哲学。近代以来，中华民族

遭受西方列强和帝国主义殖民侵略，中国共产党人在民族生死存亡的历史关头，坚持统筹生存和发展的革命路线方针，不断总结经验，及时纠正错误，持续发展壮大，以“天翻地覆慨而慷”的革命气魄，带领中华民族取得新民主主义革命的伟大胜利。新中国成立以来，在不同时期面临不同的内外形势和历史问题，在处理发展安全关系上先后呈现出“更加注重安全”“更加注重发展”“发展和安全并重”的演变过程。进入新时代，我国发展进入关键转型期，面对波诡云谲的国际形势、复杂敏感的周边环境、艰巨繁重的改革发展任务，以习近平同志为核心的党中央锚定实现中华民族伟大复兴的历史方位和中国特色大国安全的战略定力，首次提出“统筹发展和安全”，开创了新时代中国特色社会主义的一条重要经验，为我们做好当前和今后一个时期的国家安全工作指明了前进方向、提供了根本遵循。

（二）全面理解统筹发展和安全的辩证统一关系

习近平总书记指出，发展是安全的基础，安全是发展的条件。发展和安全，犹如车之两轮、鸟之两翼。安全保障发展、发展促进安全，二者相互影响、相互促进、融为一体、不可偏废。没有安全的发展是脆弱的、不稳定的，没有发展的安全是短暂的、不可持续的，发展和安全“合则兴、离则弱、悖则亡”。“统筹”二字是这一理论魅力的关键所在，秉承着真正的大安全观理念。正确处理好发展和安全的辩证统一关系，需要抓住主要矛盾和关键环节，运用统筹的总体思维和系统观念，真正把安全工作贯穿于发展全过程。在统筹中谋划全局、协调推进、重点突破，不能机械照搬，要有应势而动的灵活弹性。在统筹中掌握平衡、校准方向、赢得主动，不能静止不变，要有因时而异的动态调整。统筹发展和安全，强调的是通盘谋划，彰显的是全局观念，坚持的是遵循规律，突出的是善作善为。统筹发展和安全，生动展示了“两点论和重点论相统一”“十个指头弹钢琴”“联系和发展的普遍性”等辩证唯物主义世界观与方法论。

（三）深刻认识统筹发展和安全的重大现实意义

千秋伟业强基石，中华民族伟大复兴绝不是轻轻松松、敲锣打鼓就能实现的，必然会面对各种重大挑战、重大风险、重大阻力、重大矛盾，这是我国由大向强发展进程中无法回避的挑战，是实现中华民族伟大复兴绕不过去的门槛。当前，世界百年未有之大变局和中华民族伟大复兴战略全局同频共振、相互激荡，国家安全的内涵和外延比历史上任何时候都要丰富，时空领域比历史上任何时候都要宽广，内外因素比历史上任何时候都要复杂。中华民族伟大复兴处于关键阶段，但发展不平衡不充分的问题仍然突出，传统安全和非传统安全相互交织、相互影响，“黑天鹅”“灰犀牛”事件时有发生。在这一特定历史方位中，坚持和加强党的全面领导，深刻汲取中华民族居安思危的精神力量，突出统筹发展和安全的战略远见和坚定选择，是实现高质量发展和高水平安全良性互动的必然要求，是应对国内外风险挑战和保障人民利益的具体实践，是以中国式现代化推进中华民族伟大复兴的有力举措。统筹发展和安全，既体现了“备豫不虞，为国常道”的民族智慧，又描绘了伟大复兴的目的和途径，为首都国家安全工作提供了“定向标”和“导航仪”。

二、北京市统筹发展和安全的主要举措及成效

更好统筹发展和安全，是首都北京必须学好的“必修课”、做好的“必答题”、走好的“登山路”。在世界之变、时代之变、历史之变的重大关头，迫切需要我们坚持底线思维和极限思维，把安全发展贯穿经济社会发展各领域和全过程，着力推进国家安全体系和能力现代化，办好发展和安全两件大事，建设更高水平平安北京，以新安全格局保障新发展格局。

（一）始终把维护首都政治安全放在首位，有效防范化解影响首都高质量发展的各类安全风险隐患

一是高位统筹部署做好首都政治安全工作。政治安全是最高的国家安全，是国家安全的生命线。习近平总书记多次强调，要把维护国家安全特别是政权安全、制度安全放在第一位。首都北京的政治安全关乎“国之大者”，事关党的长期执政和国家的长治久安。北京市深刻认识维护首都政治安全的极端重要性，全面深入学习习近平总书记关于国家安全的重要论述，教育引导广大党员干部自觉用总体国家安全观武装头脑、指导实践、推动工作。要求全市上下始终把维护政治安全放在首位，不断提高政治敏锐性，严防各领域风险向政治安全领域传导，切实提升政治安全工作时度效。不断健全完善国家安全工作体制机制，形成贯通市区两级，覆盖市级各部门的党委国家安全工作架构，积极构建全域联动、立体高效的国家安全防护体系，坚决扛起维护首都安全的政治责任。

二是服务保障重大活动绝对安全。首都无小事，事事连政治。北京市离党中央最近、服务保卫党中央最直接，坚决为党中央站好岗、放好哨是北京的首要任务。坚持最高标准、最强组织、最实举措、最佳状态，圆满完成新中国成立 70 周年庆祝活动、建党 100 周年庆祝活动、北京冬奥会和冬残奥会、“一带一路”国际合作高峰论坛、中非合作论坛北京峰会、北京世园会、亚洲文明对话大会等一系列重大活动和主场外交安保任务，有力确保重大活动、重要节点、核心点位绝对安全。健全重大国事活动服务保障常态化工作机制，“十三五”期间积极培育品牌性国际文化节庆活动 60 余个，圆满举办国际体育赛事 94 项，北京市服务大国外交、推动国际交往中心功能建设全面拉开框架。

三是确保首都社会大局持续安全稳定。安全稳定是做好首都工作的前提和基础。北京市不断健全国家安全重点领域工作协调机制，完善首都国家安全风险监测预警，严防各领域风险传导叠加。全面落实意识形态工作责任制，加强舆情监测预警，健全网络综合治理体系，全力维护网络空间安全。坚持稳字当头，全力维护人民群众生命财产安全和社会大局稳定，严守不发生暴恐活动底线，切实提升海外利益保护能力与水平。大力加强“平安北京”建设，发展壮大群防群治力量，常态化推进扫黑除恶斗争，深入开展系列“平安行动”“城乡结合部整治”等专项工作。坚持和发展新时代“枫桥经验”“浦江经验”，推动社会治理重心下移，妥善化解一批信访难题。深刻吸取重大安全责任事故教训，持续开展“平安医院”“平安学校”创建，压紧压实主体责任，不断织严织密社会面防控网络，坚决防范遏制重特大事故发生。遵循超大城市发展规律，拓展韧性内涵，提升城市防灾韧性和设施韧性，增强重大风险灾害的防范、抵御、应对和自适应、快速恢复能力，全方位提升城市本质安全水平，坚决守住安全发展底线。

（二）着力创建发展中保安全、安全中促发展新格局，实现高质量发展与高水平安全良性互动

一是紧扣首都城市战略定位推动发展和安全深度融合。围绕“建设一个什么样的首都，怎样建设首都”这个重大课题，习近平总书记作出一系列重要指示批示，明确了北京“四个中心”功能建设的城市战略定位。沿着习近平总书记指引的方向，北京市聚焦影响首都城市安全、制约长远发展、群众反映强烈的突出问题，抓住疏解非首都功能这个“牛鼻子”，在更大的空间格局中思考谋划，持续强化协同创新，全面增进人民福祉。统筹科学评估自身发展优势和产业特点，实现高标准、差异化的减量提质，发挥“一核”辐射带动作用，推动雄安新区和北京城市副中心“两翼”齐飞。北京城市副中心三大文化建筑精彩亮相，副中心城市框架基本形成。2023 年流向津冀技术合同成交额 748.7 亿元，共享 5300 余项专利开放许可技术。加快构建现代化首都都市圈，大兴国际机场建成投运，大运河京冀段旅游通航，市郊铁路突破从无到有，“轨道上的京津冀”加速形成。“三山五园”国家文物保护利用示范区创建任务完成，不断增加优质文化供给，文化安全浸润人心。首都城市发展蓝图的徐徐展开，走出了一条人口经济密集地区优化开发新模式，化解了发展差距大、资源环境超载、环境污染严重等公共安全隐患，破解了制约高质量发展的“大城市病”，为首都未来留空间，坚定打造世界级城市群。

二是推动高水平科技安全保障新质生产力发展布局。习近平总书记指出，科技自立自强是国家强盛之基、安全之要，只有把核心技术掌握在自己手中，才能真正掌握竞争和发展的主动权，才能从根本上保障国家经济安全、国防安全和其他安全。北京市把国际科技创新中心建设作为“五子”联动服务和融入新发展格局的第一“子”，积极构建未来产业发展生态，防范化解科技领域重大风险，加快形成新质生产力。颁布实施《北京国际科技创新中心建设条例》，明确科技创新的底线、红线和防线，以底线思维和系统思维构建科技安全治理体系，形成支撑国家安全的重要力量和技术基础。推动中关村科创金融改革试验区、中关村综合保税区高效建设。实施战略科学家特殊引才计划，引进培养更多科技领军人才、卓越青年科学家和杰出青年人才，全力打造高水平人才高地，夯实国家人才安全基础。着力打造营商环境“北京服务”品牌，完善“服务包”“服务管家”机制，国家高新技术企业、专精特新“小巨人”企业和独角兽企业数量均居全国各城市首位。坚定不移实施创新驱动发展战略，全面增强科技维护和塑造国家安全的能力水平，以科技安全促进产业创新，保障构建符合首都定位、彰显创新优势、厚植绿色底色、充满发展活力的首都新质生产力发展格局。

三是提升产业链供应链韧性和安全水平。习近平总书记强调，要依托制造业的独特优势，积极服务国家产业链供应链安全。北京市着力强链补链延链，增强“北京智造”的核心竞争力和品牌影响力，加快构建自主可控、安全高效的现代产业体系，提高维护国家产业安全能力。面向国家制造业重点产业链高质量发展战略布局，坚持协同创新和产业协作重点突破，做实京津冀产业链图谱，提升产业链供应链安全性和竞争力。聚焦“抓新兴产业”和“补技术短板”要求，建设3个国家级制造业创新中心，布局24个产业创新平台。优化产业攻关组织模式，深化产业筑基工程，加快建设现代流通体系，增强供给体系韧性，打破产业链运转过程中面临的“卡点”“堵点”风险，为构建新发展格局、建设现代化产业体系提供有力保障。

（三）增进人民福祉，筑牢安全基石

一是织密扎牢民生保障安全网。习近平总书记指出，人民安全是国家安全的宗旨。北京市抓好重点民生领域，加快解决群众急难愁盼问题，切实守住民生底线，办好百姓“心头事”。扎实推进稳就业促增收工作，持续提升公共服务质量，出台托育服务体系建设三年行动方案，普惠性幼儿园覆盖率达到93%。打赢疫情防控阻击战，稳妥有序应对多轮疫情波动和秋冬季呼吸道传染病流行高峰，健全传染病监测预警体系，增强生物安全意识能力。深化“三医联动”改革，以医联体为抓手持续推进分级诊疗，全市收住老年人的养老服务机构与医疗机构对接率达到100%。深入贯彻接诉即办工作条例，诉求办理成效明显。坚持尽力而为、量力而行，加快补齐民生领域短板，切实解决人民群众最关心最直接最现实问题。

二是擦亮首都生态环境安全靓丽底色。习近平总书记强调，环境就是民生，青山就是美丽，蓝天也是幸福。北京市坚持从良好生态环境是最普惠的民生福祉高度推进生态文明建设，大力实施绿色北京战略，以高品质生态环境支撑首都高质量发展。集中力量攻克群众身边的突出生态环境问题，持续深入打好污染防治攻坚战，2023年细颗粒物（$PM_{2.5}$）年均浓度32微克/立方米、连续3年稳定达标，近10

年累计下降近 60 微克 / 立方米。国家和市级水域考核劣Ⅴ类断面全面消除，五大河流全部贯通入海，污水处理率达 97.3%。持续高质量“留白增绿”“推窗见绿”，一道绿隔实现“一环百园”，实施两轮百万亩造林绿化任务，成功创建全域国家森林城市，对外开放南苑森林湿地公园等一批大尺度绿化空间，开展“花园城市”建设试点。绿色低碳促进经济社会发展全面绿色转型，成立碳达峰碳中和领导小组，印发能源绿色低碳转型、可再生能源替代等一批“双碳”领域专项政策，全市单位地区生产总值能耗、二氧化碳排放保持全国最优水平。上线试运行全国温室气体自愿减排交易（CCER）注册登记和交易系统，各类碳排放权产品累计成交超 1 亿吨。完善分级负责、属地为主、部门协同的环境应急责任体系，提升风险研判、监测预警、应急处置能力，强化极端天气监测预警和风险防控，持续巩固生态环境安全防线，有效保护人民群众生命财产安全。

三、经验启示

深入把握和处理好发展与安全的关系，融入系统性布局、做好战略性谋划、坚持整体性推进，在靶向瞄准、动态平衡中，切实把统筹发展和安全贯穿到首都工作的各领域和全过程，对在新征程上护航新时代首都发展具有重要启示意义。

（一）坚持党对国家安全工作的绝对领导是根本原则

中国共产党领导是中国特色社会主义最本质的特征，是中国特色社会主义制度的最大优势，是党和国家的根本所在、命脉所在。北京市委坚决贯彻落实《中国共产党领导国家安全工作条例》，以高度的政治自觉、思想自觉、行动自觉，强化“两个维护”的制度落实。北京市委国安委认真履行主体责任，主动牵头抓总，善于统筹谋划，观大势、谋大局、把方向、建机制，有力有效把国家安全工作融入首都发展大局，切实把各项职责履行到位、职能作用发挥到位。各级党委国家安全机关不断强化政治机关意识和对党忠诚教育，坚持统筹发展和安全，在防范化解风险上筑牢屏障。建立政治、经济、数据等多个重点领域监测预警和工作协调机制，进一步细化实化加强党的绝对领导，健全维护国家安全制度机制。出台《关于进一步推动首都高质量发展取得新突破的行动方案（2023—2025 年）》，明确了 5 个方面 50 条具体工作任务，在安全的前提下系统谋划推动首都中长期高质量发展，支持经济持续回升向好。围绕未来技术和前瞻引领，发布《北京市促进未来产业创新发展实施方案》《“十四五”北京国际科创中心建设战略行动计划》等一系列产业发展政策，运用制度优势应对各类风险挑战，推动发展和安全动态平衡、相得益彰。

（二）压紧压实党委（党组）国家安全主体责任是关键一招

进一步明确各级党委（党组）依法履行维护国家安全的责任和义务，督促引导各级各部门切实增强底线思维、提升风险意识，围绕全市中心工作，主动研究分析涉国家安全重大风险问题，研究防范化解对策措施，确保党中央关于统筹发展和安全决策部署落到实处。强化“一把手”履行好第一责任人职责，站在国家安全和发展利益高度，将统筹发展和安全摆上重要议事日程，专题研究部署加强国家安全工作，以更高的政治站位充分认识统筹发展和安全的重要意义，不断明确“抓基层、打基础、固根本”的任务书和战略图，夯实首都高质量发展根基。构建党委（党组）全面领导、国安委统筹协调、部门各司其职、条块紧密结合、上下协调联动的大安全工作格局。严格落实属地主体责任，坚持党政同责、一岗双责，属地管理、分级负责，健全国家安全工作各项机制。严格落实发展部门主管责任，找到推动国家安全工作的结合点、平衡点，做到国家安全工作与行业发展、业务布局、生产经营等一体推进、贯通落实。严格落实主要国家安全部门责任，找准服务保障经济社会发展的切入点、着力点，配合有关部门稳妥处置各类风险隐患。健全风险评估与隐患排查工作，着力提升重点领域风险评估工作质量，提高风险评估动态更新率。完善国家安全督促检查和考核评价制度，压实主体、监督、监管责任，形成发现问题、压实责任、推动治理、促进高质量发展的良性循环，推动有关方面各司其职、各负其责、形成合力。

（三）切实转变理念思维作风是内在要求

在“学思想”上下功夫，将习近平总书记关于统筹发展和安全的重要论述列入全市党员干部学习计划和教育培训计划，不断增进政治认同、思想认同、理论认同、情感认同。在“转理念”上做文章，及时纠正破除将发展和安全割裂开来、对立起来的错误认识和局限思维，防止“厚此薄彼”“顾此失彼”。在“转作风”上见成效，坚持系统观念和底线思维，发展侧干部把行动落实在更高水平安全上，安全侧干部把心思聚焦在更高质量发展上，将“学”的成果体现在“干”的成效上，推进发展和安全加速融合。采取更有针对性的措施，旗帜鲜明为担当者担当、为负责者负责、为干事者撑腰。深入一线实地调研，直面抓落实、防风险、谋长远等任务，促进干部分析问题有新视野，研究情况有新见解，安排工作有新思路。严守安全底线、红线，克服应付、侥幸和麻痹思想，以“大概率思维应对小概率事件”的警觉发现问题，以“实事求是”的态度研究问题，以“时时放心不下”的责任感防范化解问题，打好统筹发展和安全“组合拳”。

（四）推进国家安全体系和能力现代化建设是必由之路

深入推进落实党的二十大关于推进国家安全体系和能力现代化的总体要求，强化国家安全整体谋划和制度设计，着力健全完善统一高效、信息共享、互有侧重、相互支撑的国家安全指挥体系建设，提高风险监测预警的准确性和时效性，提升国家安全工作的感知力、研判力和塑造力。强化信息搜集汇总、问题分析研判、风险监测预警，敏锐捕捉、及时处置不同领域风险叠加共振，严防风险叠加形成风险综合体。加强防范化解各类传统安全和非传统安全风险挑战，推进重点领域国家安全工作协调机制建设，推动风险监测预警工作规范化。健全完善国家安全教育工作机制，推动国家安全宣传教育常态化、普及化。深化国家安全学科建设，推进国家安全宣传教育进学校。发挥主流媒体作用，创新宣传报道平台载体，聚焦国家安全教育主题，开展特色宣传。支持创作和推出形式多样的国家安全教育文艺作品，引领总体国家安全观学习热潮。

2024 年是新中国成立 75 周年，是实现“十四五”规划目标任务的关键一年，也是开辟国家安全工作新局面的 10 周年，做好维护国家安全工作意义重大、责任重大。北京市将坚持以习近平新时代中国特色社会主义思想为指导，全面贯彻总体国家安全观，统筹发展和安全，牢牢把握推进中国式现代化这个最大的政治，坚持稳中求进、以进促稳、先立后破，求真务实、攻坚克难，奋力书写中国式现代化的北京篇章。

统筹推进高质量发展和高水平安全 在中国式现代化新征程上奋力谱写 更加壮丽的安徽篇章

安徽省人大常委会副主任、省委秘书长　张韵声

习近平总书记强调，统筹发展和安全，增强忧患意识，做到居安思危，是我们党治国理政的一个重大原则。安徽作为长三角一体化发展、长江经济带高质量发展、促进中部地区加快崛起、共建“一带一路”叠加覆盖的省份，推进高质量发展和高水平安全责任重大。我们坚定拥护“两个确立”、坚决做到“两个维护”，坚定不移贯彻总体国家安全观，深入贯彻习近平总书记关于安徽工作的重要讲话和重要指示批示精神，全面贯彻党中央决策部署，真抓实干、开拓创新，建久安之势、成长治之业，全力以赴抓好防风险、护安全、保稳定、促发展工作，实现从“总量居中、人均靠后”向“总量靠前、人均居中”的历史性跨越，高质量发展扎实推进，高水平安全有效巩固，在服务国家发展大局、筑牢国家安全屏障中作出安徽贡献。

一、学深悟透习近平总书记关于统筹发展和安全的重要论述，牢牢把握维护国家安全的正确方向

习近平总书记关于统筹发展和安全的重要论述，把我们党对维护国家安全基本规律的认识提升到新的境界，为我们做好新时代国家安全工作提供了根本遵循和行动指南。我们要深入学习领会，准确把握统筹发展和安全的重大意义、实践要求，坚定正确政治方向，自觉扛起政治责任，坚决维护国家安全和社会稳定。

（一）深刻认识统筹发展和安全的重要意义。统筹发展和安全是着眼于在不稳定不确定发展环境中更好推进中华民族伟大复兴的重要战略部署，具有重大的理论意义、时代意义和实践意义。**要深刻认识统筹发展和安全是对总体国家安全观的丰富发展。**2014 年，习近平总书记创造性地提出总体国家安全观，实现了我们党在国家安全理论上的历史性飞跃，是我们做好新时代国家安全工作的强大思想武器。随着形势变化和实践发展，习近平总书记对总体国家安全观特别是统筹发展和安全多次作出重要论述，从“既重视发展问题，又重视安全问题”，到“更为安全的发展”，再到“坚持统筹发展和安全，坚持发展和安全并重”，并将统筹发展和安全上升为党治国理政的重大原则。主题教育中，我们通过举行省委理论学习中心组学习会议、专题报告会，在省委党校举办总体国家安全观专题研讨班等方式，学深悟透、学用贯通，切实提高各级领导干部统筹发展和安全能力，增强推动高质量发展、服务群众、防范化解重大风险能力。**要深刻认识统筹**

发展和安全是顺应时代发展的重大创新。发展和安全合则兴、离则弱、悖则亡，这是历史留给我们的深刻启示。习近平总书记提出统筹发展和安全，既是对党百年奋斗历史经验的继承，更是顺应事业发展潮流的重大创新。当今世界变乱交织，世界百年变局全方位、深层次加速演进，发展与安全的深度交织变得越来越突出。我们始终胸怀"国之大者"，牢固树立安全发展理念，深入实施防范化解重大风险"1+9+N"方案体系，加快完善安全发展体制机制，推动发展和安全动态平衡、相得益彰，以新安全格局保障新发展格局。**要深刻认识统筹发展和安全是全面建设现代化美好安徽的坚强保证。**省委国安委成立以来，我们深入贯彻总体国家安全观，研究制定《关于贯彻落实〈中国共产党领导国家安全工作条例〉的实施意见》，建立集中统一、高效权威的国家安全领导体制，加快推进国家安全体系能力现代化，全省政治社会大局持续稳定向好、有序可控。但在国际国内安全形势影响下，我省在政治、意识形态、经济、科技、社会安全等领域也面临一些风险挑战。我们必须认清国家安全面临的形势任务、我省发展所处的历史方位，坚持统筹发展和安全两件大事，紧紧抓住维护政治安全这个根本，统筹推进重点领域国家安全工作，为全面建设现代化美好安徽提供坚强安全保障。

（二）深入领会统筹发展和安全的深刻内涵。习近平总书记关于统筹发展和安全的重要论述，思想深邃、内涵丰富，是一个系统完整、逻辑严密、相互贯通的科学理论体系。全面完整准确理解把握，重点要做到"三个坚持"：**一是坚持发展和安全并重。**这是我们党能够团结带领人民书写经济快速发展和社会长期稳定两大奇迹新篇章的重要原因之一。发展是安全的基础和目的，不发展是最大的不安全；

安全是发展的条件和保障，没有安全，经济社会健康发展就无从谈起。我们坚持把国家安全同经济社会发展一起谋划、一起部署，多次召开省委常委会会议、国安委会议等，研究部署防范化解重点领域风险、更好统筹发展和安全等工作，牢牢把握推动改革发展和维护国家安全的战略主动权。**二是坚持以高质量发展促进高水平安全。**习近平总书记指出，高质量发展是全面建设社会主义现代化国家的首要任务。只有坚持高质量发展，持续提升发展质量、壮大经济实力，才能不断满足人民日益增长的美好生活需要，才能充分彰显中国特色社会主义制度的优越性，在地缘政治和意识形态竞争中掌握主动权。我们深入贯彻新发展理念，充分发挥创新活跃强劲、制造特色鲜明、内陆腹地广阔、生态资源良好、历史文化底蕴深厚的优势，锚定“三地一区”的战略定位，加快推进“七个强省”建设，经济实现质的有效提升和量的合理增长，交出高质量发展优异答卷，为高水平安全打下坚实基础。**三是坚持以高水平安全保障高质量发展。**习近平总书记指出，实现中华民族伟大复兴的中国梦，保证人民安居乐业，国家安全是头等大事。如果安全这个基础不牢，发展的大厦就会地动山摇。当前，我们面临的风险更具复杂性、全局性，斗争更加残酷艰巨。我们认真学习贯彻党的二十大关于国家安全战略部署，盯住关系国家和区域安全的科技、产业、金融等领域和重大基础设施，加强风险防控体系和能力建设，夯实安全发展的基础，以高水平安全护航高质量发展。

（三）深切体悟统筹发展和安全的思维方法。坚持统筹发展和安全，要善于把握发展和安全各自的内在规律，以科学的思维理念促进发展和安全协同发展，不断提高统筹发展和安全能力。**要强化底线思**

维。习近平总书记强调，要坚持底线思维，把维护国家安全的战略主动权牢牢掌握在自己手中。必须树牢底线思维，既要看到发展取得的成就和面临的机遇，又要看到短板和不足、困难和挑战，看到形势发展变化带来的多重风险，把困难估计得更充分一些，把风险思考得更深入一些，用大概率思维应对小概率事件。我们始终把防范化解重大风险摆在突出位置，下好先手棋、打好主动仗，在全国率先建立实施“1+9+N”方案体系，对23个重点方面风险建立目标清单、措施清单、责任清单，制定《突发事件应急处置机制（试行）》及工作流程图，全领域、全过程、全链条防范化解重大风险，牢牢守住不发生系统性风险的底线。**要强化系统观念。**习近平总书记指出，要把国家安全贯穿到党和国家工作各方面全过程，同经济社会发展一起谋划、一起部署，坚持系统思维，构建大安全格局。统筹发展和安全蕴含的就是一种系统性战略安排。我们牢牢把握发展这个第一要务、安全这个头等大事，统筹考虑未来的发展目标前景和安全工作长远需求，提出“十一个方面展现更大作为”的工作安排，建立民声呼应工作体系，建设“科技大脑”“金融大脑”等平台，强化国家安全风险监测预警，对各种矛盾做到心中有数，在发展中平稳化解风险、在化解风险中推动发展。**要强化创新引领。**统筹发展和安全，必须从根本上增强综合国力，用创新引领发展、靠科技引领未来。创新是安徽的“金色名片”。我们深刻认识安徽在全国科技创新格局中的特殊地位，牢牢把握高水平创新型省份建设这个旗帜性抓手，坚持“一把手”抓第一生产力，着眼打造具有重要影响力的科技创新策源地和新兴产业聚集地，制定实施高水平创新型省份建设指导意见，大力实施人才兴皖工程、打造人才发展和创新高地若干措施，着力加强集成电路、高端仪器、新能源汽车、新材料等领域关键核心技术攻关，区域创新能力稳居全国第七。

二、统筹推进各领域国家安全工作，坚决筑牢现代化美好安徽建设的安全发展基石

安徽正处在厚积薄发、动能强劲、大有可为的上升期、关键期，统筹发展和安全至关重要。我们牢固树立底线思维、极限思维，坚持以维护政治安全为根本，统筹推进重点领域国家安全工作，确保国家安全和社会稳定，建设更高水平的平安安徽。

（一）坚决维护政治安全，全力为党中央站好岗、放好哨。习近平总书记多次强调，要把维护国家政治安全特别是政权安全、制度安全放在第一位。我们持续强化政治意识，对容易诱发政治问题特别是重大突发事件的敏感因素、苗头性倾向性问题，做到眼睛亮、见事早、行动快，打好维护政治安全主动仗。**一是加强反渗透反颠覆工作。**建立健全政治安全工作协调机制，深入开展维护政治安全“四大工程”，紧盯境外非政府组织、境外媒体等动向，严防境外敌对势力向高校、科技、青年、劳工等领域渗透，严密掌握境外势力插手“维权”、开展政治渗透和策动“街头政治”活动动向，坚决防范“颜色革命”。**二是深入推进抵御宗教渗透和反邪教斗争。**坚持我国宗教中国化方向，深入开展宗教界宣传教育，有效提升宗教事务治理能力，积极引导宗教与社会主义社会相适应。持续推进抵御境外宗教渗透专项行动和非法宗教活动治理专项工作，严厉打击各类邪教。**三是坚决**

维护网上政治安全。深入开展“江淮净网·清朗”等系列专项行动，及时查处煽动性信息，引导管理好网络大V，让正能量充盈网络空间。加强涉政型“翻墙”行为的精准靶向治理，防止境外有害信息向境内倒灌。

（二）坚决维护经济安全，全力构建自主可控、安全可靠的现代产业体系。经济安全是国家安全的基础。我们坚持稳中求进工作总基调，大力推进传统产业转型升级和新兴产业融合集群发展，积极防范各种风险，打好维护经济安全持久仗。**一是发展壮大新兴产业。**聚力打造汽车“首位产业”，出台支持新能源汽车产业集群建设政策举措，全面展开整车、零部件、后市场“三位一体”布局，2023年全省汽车产量249.1万辆、增长48.1%，其中新能源汽车产量86.8万辆、增长60.5%，自主品牌汽车出口居全国首位。有序布局未来产业，全国首个量子信息未来产业科技园挂牌运营，启动实施通用人工智能创新发展三年行动计划。**二是防范化解金融等领域风险。**加快推进省联社改革、农村中小银行改革重组，防范打击非法金融活动。稳妥化解房地产风险，加强在建项目预售资金监管，实现保交楼项目全部交付。深化地方政府融资平台公司综合治理和转型发展，加强政府债务风险监测预警，制定“1+3+X”化债方案，兜牢基层“三保”底线。**三是坚决维护粮食安全。**扛稳粮食主产区责任，开展耕地保护问题专项监督清理整治，深入实施种业振兴行动，扎实推进高标准农田建设，加快打造“千亿斤江淮粮仓”，2023年全省粮食产量830.16亿斤，创历史新高。

（三）坚决维护科技安全，全力推进高水平创新型省份建设。科技安全是支撑国家安全的重要力量和基础。安徽是科教大省，大校、大院、大所、大企多，科技创新成为安徽发展最大动能、最大潜力，维护科技安全是重中之重。**一是建强高能级科创平台。**全力抓好国家实验室、合肥综合性国家科学中心等高能级创新平台建设，全省已建在建拟建大科学装置13个，高新技术企业达1.9万家，量子信息、聚变能源、深空探测等领域持续并跑领跑，动态存储芯片、柔性可折叠玻璃等打破国外垄断，高新技术产业产值、增加值连续7年保持11%以上增速，形成集成电路、人工智能、新能源汽车、光伏、新型显示等一批先进制造业集群。**二是加强关键核心技术攻关。**认真落实国家制造业重点产业链高质量发展任务，实施产业“解卡”行动，开展标志性产品攻关。“人造太阳”装置实现403秒高约束等离子体运行，光纤量子密钥分发突破千公里，“九章三号”量子计算原型机突破255个光子操纵，均创世界新纪录；计算光刻EDA软件、高温合金叶片、叠屏显示等关键核心技术取得突破。**三是强化人才和核心科技安全保护。**启动实施人才兴皖工程，推出4.0版人才政策，组织开展“人才安徽行”系列活动，新增各类人才95.5万人、总量达1272万人。建立维护科技安全“4+X”工作机制，加强重点科研院所、高新技术企业安全保护，“一人一策”防范重点人才安全风险。

（四）坚决维护社会安全，全力深化更高水平的法治安徽、平安安徽建设。社会安全与人民群众切身利益关系最密切，是人民群众安全感的晴雨表，是社会安定的风向标。我们坚决扛起“促一方发展、保一方平安”的政治责任，聚焦影响国家安全、社会安定、人民安全的突出问题，抓实平安建设，全省社会大局实现“五个零发生”：影响国家政治安全和社会稳定的重大事件“零发生”，暴力恐怖袭击和个人极端暴力案事件“零发生”，大规模群体性事件“零发生”，重大安全事故和网络舆情事件“零发生”，赴省进京集访“零发生”，法治化营商环境评分稳居全国前列。**一是积极创新社会治理。**坚持和发展新时代“枫桥经验”“浦江经验”，创新构建“一站式”特色解纷体系，黄山、芜湖做法入选全国市域社会治理现代化试点优秀创新经验，“六尺巷六步走”等3个工作法入选全国“枫桥式工作法”。全面建立“民声呼应”工作平台，健全“省级总统揽、广泛集民声、快速解难题、跟踪抓督办、源头大治理”长效机制，截至2023年底，汇聚群众关切问题3.62万个、已解决3.5万个。开展涉法涉诉信访事项化解攻坚行动，信访事项一次性化解率、群众满意率“双上升”。强化社会治安整体防控，严厉打击涉黑涉恶、电信网络诈骗等各类违法犯罪，每十万人命案发案数持续保持全国最低水平。**二是持续完善公共安全体系。**健全全省安全生产督察督导体系，深化重大事故隐患专项排查整治，全面推进城市生命线安全工程建设，生产安全事故起数下降9.4%。完善食品药品质量安全风险防控体系，在全国率先实施医疗器械生产经营全环节风险分级监管，食品安全国家考核再获A级等次。**三是稳步加强法治建设。**深化政府诚信建设，扎实推进法治政府建设率先突破三年行动，制定出台《安徽省依法行政能力提升行动方案》，健全“府检联动”“府院联动”机制，扎实推进“八五”普法，公共法律服务体系建设得分居全国前列。

（五）坚决维护生态安全，全力建设绿色江淮美好家园。生态安全是新时代国家安全的必争必保之地，是经济社会健康发展的重要保障。我们自觉践行习近平生态文明思想，加快建设山水秀美的生态强省，以高品质生态环境支撑高质量发展。**一是持续打好蓝天、碧水、净土保卫战。**实施空气质量持续改善计划，加强长江、淮河、巢湖等重点流域排污口“查测溯治”，开展农村黑臭水体治理三年行动，强化建设用地土壤污染风险管控，生态环境质量持续改善。2023 年，$PM_{2.5}$ 平均浓度 34.8 微克 / 立方米，下降 0.3%；空气质量优良天数比率 82.9%，提高 1.1 个百分点；国考断面水质优良比例 90.2%，提高 3.1 个百分点。**二是系统推进生态保护修复。**推进自然保护地整合优化，强化重要生态空间保护。持续推进长江十年禁渔，实施生物多样性保护重大工程，长江安徽段江豚种群数、野外扬子鳄种群数明显增多。加强“四廊两屏”建设，完成人工造林 25.95 万亩，实施 10 处重要湿地保护修复工程，江淮大地绿水青山成色更足，人与自然更加和谐。**三是加快发展方式绿色转型。**有序推进碳达峰碳中和，完善能源消耗总量和强度调控，保障高质量发展用能需求。开展省级减污降碳试点，安徽入选国家碳排放双控先行探索试点，一市一园区入选国家首批碳达峰试点名单。加快支撑性电源和外电入皖项目建设，“一企一策”实施重点企业节能降碳升级改造，建设一批零碳产业园。广泛开展“美丽安徽我是行动者”活动，在全省营造人人减碳、人人节约、人人呵护碧水蓝天的风尚。

（六）坚决维护文化安全，全力推动优秀传统文化创造性转化、创新性发展。文化安全关乎国家稳固、民族团结、精神传承，是国家安全的重要保障。我们深入学习贯彻习近平文化思想，加快建设文化强省，为建设现代化美好安徽提供精神动力和文化支撑。**一是壮大主流思想舆论。**扎实开展主题教育，认真落实“第一议题”制度，学深悟透习近平总书记重要讲话和重要指示精神。围绕中心工作开展重大主题宣传活动，弘扬社会主义核心价值观，推动新时代文明实践中心建设，深化群众性精神文明创建，“中国好人榜”上榜总人数居全国第一。**二是守牢意识形态主阵地。**牢牢掌握党对意识形态工作的领导权，完善意识形态领域重大情况分析研判、应急处置、定期通报制度，加强网络、高校等重点阵地管理，在全国率先出台高校意识形态工作问责办法和分类管理办法，健全热点敏感舆情应对工作体系和规程，意识形态领域保持向上向好态势。**三是推进文化传承发展。**启动编制长江文化公园（安徽段）建设保护规划，扎实推进蚌埠双墩、淮南武王墩等重点考古项目，凌家滩遗址被认定为中华文明“古国时代”第一阶段标志性遗址。深入实施传统村落保护工程升级版，新认定中国传统村落 70 个。新改扩建 691 个公共文化空间，推动文房四宝、铁画等非遗传承发展，让安徽文化的金名片成色更足更亮。

三、坚持党对国家安全工作的绝对领导，加快推进国家安全体系和能力现代化

党的二十大报告专章对推进国家安全体系和能力现代化作出部署，充分体现了新时代新征程国家安全工作在党和国家事业中的极端重要性。我们全面贯彻落实党的二十大战略部署，突出重点、把握关键，不断健全国家安全体系，切实增强国家安全能力，奋力开创新时代新征程国家安全工作新局面。

（一）强化国家安全政治责任。坚持把保证国家安全作为头等大事，认真履行主体责任，确保党中央关于国家安全决策部署在安徽落地生根。**一是加强党对国家安全的绝对领导。**全面落实《中国共产党领导国家安全工作条例》，研究制定我省实施意见，细化省委、省委

国安委、省级层面协调机制、各级党委（党组）的职责任务，完善请示报告、督查落实等工作制度，提高全省各级党委（党组）领导国家安全工作的科学化、制度化、规范化水平。**二是加强对国家安全的统筹推进。**省委认真学习贯彻党中央及中央国安委决策部署，定期分析研究、统筹谋划推进国家安全工作，及时研究解决涉及国家安全的重大问题，切实在方向上把关、政策上支持、投入上保障，坚决筑牢国家安全防线。**三是加强对国家安全的督促检查。**认真贯彻《党委（党组）国家安全责任制规定》，将落实党委（党组）国家安全责任制、防范化解重大风险纳入年度综合考核和重点督查任务，推动各级党委（党组）做到守土有责、守土负责、守土尽责。

（二）强化国家安全体系建设。国家安全体系是国家治理体系的重要组成部分，是维护和塑造国家安全的重要支撑。我们坚持主动作为，加强前瞻性思考、全局性谋划、整体性推进，构建全域联动、立体高效的国家安全防护体系。**一是完善国家安全法治体系。**深入实施国家安全法，全面落实《国家安全战略（2021—2025年）》和重点领域国家安全政策，集中力量推进维护国家政治安全、金融安全、公共安全、新型领域安全的重点立法项目，出台《安徽省地方金融条例》《安徽省大数据发展条例》等地方性法规，强化国家安全法治保障。**二是完善国家安全力量布局。**牢固树立国家安全工作“一盘棋”意识，建立健全重点领域和重要专项国家安全工作协调机制，强化经济、科技、社会、生态、金融、网络、数据、生物、海外利益等安全保障体系建设，构建党委统筹抓总、部门各司其职、条块紧密结合、上下协调联动的大安全格局。**三是完善风险监测预警体系。**认真贯彻《关于加快建设国家安全风险监测预警体系的意见》，制定我省实施方案，明确工作重点，优化资源配置，压实工作责任，不断提升监测预警科学化、规范化、精细化水平。

（三）强化国家安全能力建设。国家安全能力建设具有基础性、根本性、长期性的意义。我们着眼维护和塑造国家安全的战略需要，全面提升国家安全能力。**一是加强重点领域安全能力建设。**大兴调查研究，围绕统筹发展和安全，开展“应对‘黑天鹅’‘灰犀牛’事件，增强防范化解风险能力”等专项调研，提出务实管用措施，确保粮食、能源资源、重要产业链供应链安全，加强海外安全保障能力建设，维护我国公民、法人在海外合法权益，坚定捍卫国家主权、安全、发展利益。**二是创新国家安全宣传教育。**研究制定《关于全面加强国家安全教育的实施意见》，印发《安徽省干部教育培训规划（2023—2027 年）》，把总体国家安全观纳入各级党委（党组）理论学习中心组学习，充分发挥党校（行政学院）等在干部教育培训中的主阵地作用，用好安徽干部教育在线等学习平台，丰富国家安全教育形式，提高各级领导干部国家安全意识。精心组织“4·15”全民国家安全教育日宣传教育活动，创新开展“国家安全进万企促发展”等系列活动，多措并举推动国家安全教育进机关、进学校、进企业、进社区、进乡村、进军营、进网络，增强全民国家安全意识。充分利用红色资源、创新资源等优势，推动合肥、淮北、六安、芜湖、宣城 5 市率先探索建设总体国家安全观教育基地，将国家安全教育嵌入基层一线、送到群众身边。**三是打造过硬国家安全队伍。**认真贯彻中央五部委方案，不断加强党委国家安全机构队伍建设，实现省市县党委国家安全机构全覆盖、协调机制成员单位国家安全工作领导小组全覆盖。坚持“六破六立”，落实“忠专实”“勤正廉”，提高干部队伍素质能力，建设“四个绝对”国安队伍。

2024 年是新中国成立 75 周年，也是习近平总书记提出总体国家安全观 10 周年，更好统筹发展和安全、做好维护国家安全工作任务艰巨、使命光荣。我们一定坚持以习近平新时代中国特色社会主义思想为指导，全面贯彻落实党的二十大和二十届二中全会精神，坚定拥护“两个确立”、坚决做到“两个维护”，深入贯彻总体国家安全观，更好统筹高质量发展和高水平安全，真抓实干、开拓奋进，有力有效防范化解各类风险，坚决筑牢国家安全安徽防线，奋力谱写中国式现代化建设更加壮丽的安徽篇章，为全面推进强国建设、民族复兴伟业贡献安徽力量！

深入践行绿水青山就是金山银山理念
打造统筹绿色发展和生态安全福建样板

福建省委常委、秘书长　吴偕林

生态安全是国家安全的重要组成部分，是经济社会持续健康发展的重要保障。党的十八大以来，以习近平同志为核心的党中央从中华民族永续发展的高度出发，深刻把握生态文明建设在新时代中国特色社会主义事业中的重要地位和战略意义，大力推动生态文明理论创新、实践创新、制度创新，创造性地提出一系列新理念新思想新战略，形成了习近平生态文明思想，为统筹绿色发展和生态安全提供了根本遵循和行动指南。

福建是习近平新时代中国特色社会主义思想的重要孕育地和实践地，八闽干部群众始终怀着特殊感情、带着特殊责任学思践悟习近平生态文明思想，坚定不移贯彻总体国家安全观，把坚持生态优先作为福建发展的实践逻辑，守好生态资源这个“福建最宝贵的资源”，做强生态优势这个“福建最具竞争力的优势”，努力打造统筹绿色发展和生态安全的福建样板，以实际行动坚定拥护“两个确立”、坚决做到“两个维护”。

一、用足用好优势，用心用情感悟习近平总书记在福建工作期间开创的重要理念和重大实践

习近平总书记曾在福建工作17年半，就生态文明建设提出了一系列原创性、战略性、前瞻性的重要理念，开创了厦门筼筜湖、宁德荒山、福州西湖、莆田木兰溪、长汀水土流失治理和武平集体林权制度改革等一系列重大实践，为我省生态文明建设奠定了坚实的政治基础、思想基础、战略基础、社会基础和实践基础，这是福建统筹绿色发展和生态安全的独特优势。

把生态建设摆在全局工作的突出位置。习近平同志在福建工作期间，深刻指出“生态环境建设牵涉面广，不单纯是污染治理问题，还关系到产业良性发展问题，这不是一个部门、一届政府就能解决的问题”。在厦门工作时，主持制定《1985年—2000年厦门经济社会发展战略》，单设《厦门市城镇体系与生态环境问题》专题，亲自邀请中国科学院南京地理研究所专章研究。在福州工作时，牵头制定《福州市20年经济社会发展战略设想》，对环境保护进行专章规划。到省里工作后，亲自担任生态省建设领导小组组长，谋篇布局生态省建设，以省委省政府名义印发实施《福建生态省建设总体规划纲要》，启动福建有史以来最大规模的生态环境保护工作，为福建从建设生态省向建设国家生态文明试验区、再向建设美丽中国先行示范区持续深化，奠定了最为坚实的基础。

让破坏生态环境付出相应代价。习近平同志在福建工作期间，始终强调“不能以牺牲生态环境为代价赢得经济的一时发展”，要求

"尊重自然、顺应自然、保护自然"。亲自推动三明沙溪"死鱼事件"调查，对涉嫌违规偷排污染物的企业，责令关闭生产线并封存生产设备；亲自主持召开全省"一控双达标"暨闽江、九龙江重点污染企业整治大会，指出"那些肆意破坏我们赖以生存环境的人，无异于'谋财害命'"，强调"为了一点利益、为了一点税收，造成人们生命、健康的损失，这是绝对不能允许的"；亲自审议通过《福建省自然保护区管理办法》《敖江流域水源保护管理办法》等资源开发、环境治理、区域保护、生态建设方面的法规规章，用严格制度保护生态环境。

让绿水青山源源不断带来金山银山。习近平同志在福建工作期间，大力倡导"保护生态环境就是保护生产力，改善生态环境就是发展生产力"，"寻找既能增加农民收入又能保护环境的发展之路"，"青山绿水是无价之宝"，"靠山吃山唱山歌，靠海吃海念海经"等重要理念。在厦门工作时，深入军营村调研，因地制宜提出"山上戴帽、山下开发"发展思路，支持兴建茶叶加工厂，帮助人民群众解决问题，提高人民群众收入。在宁德工作时，十分重视林业发展，推动"提高经济、社会和生态三种效益"；三赴黄振芳家庭林场调研，提出"森林是水库、钱库、粮库"绿色生态理念。到省里工作后，推动武平集体林权改革，借鉴家庭联产承包责任制经验，把集体山林均山到户，要求做到"农民得实惠、生态得保护"；指导长汀"治理水土流失，建设生态农业"，把生态难题"火焰山"变成创富致富"花果山"，促进绿水青山更好转化为金山银山。

倡导绿色生活方式。习近平同志在福建工作期间，带头厉行勤俭节约，推动形成文明新风尚。在厦门工作时，专门购买一辆"武夷"

牌自行车，骑车到社区、街道、工厂调研。在福州工作时，一贯反对铺张浪费、大吃大喝，用福州本地风味小吃接待参加首届工艺美术节的客人，既经济又好吃，做到一举两得；详细调研、亲自选址，规划建设当时全国最大、投资最多、工艺最先进、理念最现代的红庙岭垃圾综合处理场，为后期建设成为全国一流的循环经济产业园、开展垃圾分类后端处置提供了坚实保障。到省里工作后，在全国率先提出并亲力亲为整治餐桌污染、建设食品放心工程，强调“农业生产要推广绿色食品标准”，“努力使生产出来的农产品都是无公害、无污染的产品”，有效保障人民群众的食品安全。

为子孙后代留下美丽家园。习近平同志在福建工作期间，十分强调“给人民群众创造一个美好、舒适的生活环境”。在厦门工作时，推动筼筜湖综合治理，提出“依法治湖、截污处理、清淤筑岸、搞活水体、美化环境”20字综合治理方针，将筼筜湖打造成最美“城市会客厅”。在福州工作时，提出“全党动员、全民动手、条块结合、齐抓共治”16字治水原则，大力推动福州城区内河综合整治工作。到省里工作后，十分关心福州西湖污染治理问题，提出“民有所呼，我有所应”，“要把广大群众反映强烈的西湖问题，认真解决好”；出席全省环保大会，提出要经过20年努力奋斗，把福建建设成为经济繁荣、山川秀美、生态文明的可持续发展省份。

这些重要理念和重大实践，经过数十年时间沉淀和实践检验，越发显现出穿越时空、历久弥新的思想引领力和实践推动力。我们在传承弘扬这些重要理念和重大实践的过程中，更加深刻领悟“两个确立”的决定性意义，更加深刻感悟习近平新时代中国特色社会主义思想的历史逻辑、理论逻辑、实践逻辑，把对习近平总书记的深厚爱戴之情转化为统筹绿色发展和生态安全的强大动力，不断提高政治判断力、政治领悟力、政治执行力，坚定不移沿着习近平总书记指引的方向前进。

二、一张蓝图绘到底，一年接着一年干，统筹绿色发展和生态安全结出累累硕果

近年来，福建深入学习贯彻习近平生态文明思想，重点对标党的二十大报告中“协同推进降碳、减污、扩绿、增长”这一重要要求，一以贯之推进生态省建设，发挥福建作为首个国家生态文明试验区的改革“试验田”作用，把改革的精神、改革的思维和改革的方法贯穿生态文明建设，努力推动生态文明体制机制改革创新，持续拓宽绿水青山转化为金山银山的路径，奋力建设美丽中国先行示范省。如今的福建，天更蓝了、水更清了、海更净了、山更绿了，“清新福建”名片更加亮丽。

致力“安全高水平”，不断提高“防护力”。增强忧患意识、底线思维，建立健全由分管省领导挂帅的生态资源安全工作协调机制，把生态安全风险纳入国家安全风险监测预警体系，着力发现风险、预警风险、防范化解风险，坚决守牢我国东南沿海地区重要生态屏障。健全耕地数量、质量、生态“三位一体”保护制度体系，加强农业面源污染综合防治和耕地土壤重金属污染源排查整治，深入实施种业振兴行动，以好田好种保障好收成，2023 年全省粮食产量 510.97 万吨、增长 0.4%。着眼绘就“清新福建”好山好水好空气，紧盯大气、水

体、土壤、海洋污染防治等生态安全关键领域，坚决打好污染防治攻坚战，成效考核连续 4 年全国优秀。2023 年，全省设区城市空气质量达标天数比例 98.4%，$PM_{2.5}$ 平均浓度仅为 20 微克 / 立方米；主要流域优良水质比例达 99%，河湖长制工作连续 6 年获得国家正向激励；成功入选全国省级水网先导区，建成安全生态水系 305 公里。大力加强生态环境执法司法，深化“检察 + 碳汇”“绿碳 + 蓝碳”生态修复机制，一审审结各类环境资源案件 3885 件，追究刑事责任 1195 人，补种复绿 8735.62 亩。创新生态保护模式，实施重要生态系统保护修复和生物多样性保护重大工程，生态质量指数居全国前列。加强外来入侵物种防控，实施农作物主要病虫害统防统治，完成 13.7 万亩互花米草除治，有效控制草地贪夜蛾、红火蚁、松材线虫等有害生物。

致力“生态高颜值”，不断提高“含绿量”。坚持山水林田湖草沙一体化保护和系统治理，深入实施闽江、九龙江等流域生态保护修复，系统开展莆田木兰溪“五水共治”，推广长汀经验，持之以恒推进水土流失精准治理。以武夷山国家公园为主体的自然保护地体系基本形成，武夷山国家公园屡次刷新生物多样性纪录，全省 80%以上的国家重点保护野生动植物物种、70%以上的典型生态系统和主要江河源头森林植被得到有效保护。全省近岸海域优良水质比例达 88.7%，福州滨海新城岸段、厦门东南部海域、漳州东山岛南门湾—马銮湾段等入选全国美丽海湾案例，三明金溪（将乐段）、厦门筼筜湖入选全国美丽河湖，闽江河口湿地成功入选国际重要湿地名录。生态空间优美宜人，生态环境状况指数保持优良水平，全省森林覆盖率达 65.12%，连续 45 年保持全国首位。

致力“发展高质量”，不断提高“含金量”。画好“山水画”，激活绿色动能，生动诠释“绿水青山就是金山银山”理念。2023年，全省GDP增加到5.4万亿元，人均GDP排名全国第四。大力建设海洋强省，拓展海洋经济新空间，海洋生产总值达1.2万亿元。绿色经济发展迅猛，全省清洁能源装机比重达63%，70家工厂、5个工业园区入选国家绿色制造名单，电动汽车、锂电池、光伏产品等“新三样”出口增长49.8%、高出全国平均水平19.8个百分点，宁德时代动力电池出货量连续7年全球第一。以文塑旅、以旅彰文，“清新福建”“全福游、有全福”旅游品牌持续打响，实现旅游总收入6981亿元。2024年春节假期，全省接待游客3257万人次，实现旅游收入超277亿元，均创历史新高。

致力“转化高效益”，不断提高“变现率”。在沿海和山区分别开展生态产品市场化改革试点，探索不同资源禀赋生态产品价值实现路径。把碳达峰、碳中和纳入生态省建设总体布局，在全国率先开展“碳汇贷”“碳票”工作，南平市成为全国自然资源领域首个生态产品价值实现机制试点的地级市，2023年三明市林业“碳票”首次实现跨省交易、全国首单水土保持项目碳汇交易落地龙岩，碳汇交易、排污权交易活跃度位居全国前列。建立“林票”制度，拓展“福林贷”等林业金融产品，绿色金融成为绿色发展“加速器”。南平、龙岩、宁德打造特色鲜明的“武夷山水”“红古田”“下乡的味道”等生态产品区域公用品牌，全省优质生态产品跨越山海走向全国市场。

致力“生活高品质”，不断提高群众“满意度”。持续提升城市品质，全面实施城镇老旧小区改造、加快城镇旧住宅区综合整治、开展社区更新工作，2023年新建改造公园绿地1002公顷，累计建成

"福道"（城市森林步道） 8740 公里。福州荣获首届全球可持续发展城市奖，厦门上榜中国十大"大美之城"，三明入选第三批全国海绵城市建设示范城市，国家森林城市实现九市一区全覆盖。武夷山、永泰等 44 个县（市、区）获得国家生态文明建设示范区命名，成为全国首个命名县（市、区）过半的省份，长汀、东山等 8 个县（市）和 1 条流域被授予"绿水青山就是金山银山"实践创新基地称号，处处呈现生机盎然的景象。

三、牢记嘱托、感恩奋进，努力走好新时代统筹绿色发展和生态安全"赶考之路"

习近平总书记始终十分牵挂、关心关怀福建发展，对福建的山山水水和父老乡亲有着深厚感情。2021 年，习近平总书记来闽考察第一天，即亲临武夷山国家公园并作出重要指示，"要坚持生态保护第一，统筹保护和发展"，"实现生态保护、绿色发展、民生改善相统一"。我们必须牢记习近平总书记重要嘱托，深入践行绿水青山就是金山银山理念，深化拓展福建"深学争优、敢为争先、实干争效"行动，更好统筹绿色发展和生态安全，以高水平安全保障高质量发展。

必须坚持人与自然和谐共生，坚定走生产发展、生活富裕、生态良好的文明发展道路。这是统筹绿色发展和生态安全的价值追求。要切实把握生态环境保护和经济社会发展的辩证统一关系，坚持在发展中保护、在保护中发展。要牢固树立生态安全底线思维，严守生态保护红线，严防生态安全风险，加快形成节约资源和保护环境的空间格局、产业结构、生产方式、生活方式，加强生物安全系统治理和全链条防控，守牢守好“生态美”。要深刻把握绿色发展是发展观的深刻革命，做好“生态+”文章，将绿色发展理念融入新型工业化、信息化、城镇化、农业现代化全过程各方面，加快构建绿色循环低碳的高质量发展生产体系，发展资源节约型、环境友好型和生态保育型产业，全面提升传统产业绿色化水平。要推进产业结构、能源结构、交通运输结构、城乡建设发展绿色转型。要完善支持绿色发展的财税、金融、投资、价格政策和相关市场化机制，推动废弃物循环利用产业发展，促进节能降碳先进技术研发应用，加快形成绿色低碳供应链。要深入推进能源革命，控制化石能源消费，加快建设新型能源体系，提高电网对清洁能源的接纳、配置和调控能力，发展新型储能，促进绿电使用和国际互认。

必须坚持用最严格制度最严密法治保护生态环境，持续擦亮福建高质量发展的绿色底色。这是统筹绿色发展和生态安全的首要一环。绿色是福建的鲜明底色和亮丽名片，必须倍加珍惜、精心呵护。要善于算大账、算长远账、算整体账、算综合账，坚持“像保护自己的眼睛一样保护生态环境，像对待生命一样对待生态环境”，全地域、全领域、全要素加强生态环境保护，成就“清新福建、人间福地”。要不断优化生态环境保护制度供给，完善污染防治制度配套，逐步建立起源头预防、过程控制、损害赔偿、责任追究的生态环境保护制度体系。要强化制度执行，严格生态保护红线督察执法，全面实施新型生态警务，让破坏生态者付出代价。同时，要进一步健全完善碳达峰碳中和、生态保护修复、生物多样性、污染防治、绿色金融等领域地方性法规规章，以绿色标准引领绿色发展。

必须坚持山水林田湖草沙系统治理，让绿水青山永远成为福建的骄傲。这是统筹绿色发展和生态安全的重要举措。要遵循生态系统的整体性、系统性及其内在规律，统筹考虑自然生态各要素，对山上山下、地上地下、城市乡村、陆地海洋以及流域上下游等开展整体保护、系统修复、综合治理，切实推进治山、治水、种树、护田、种草等生态系统保护和修复工程的宏观把握和有机结合。要推动生态环境综合治理，深入实施空气质量持续改善行动计划，统筹水资源、水环境、水生态治理，强化固体废物、新污染物、塑料污染治理。要支持环武夷山国家公园保护发展带建设，推动福州创建国际湿地城市，加快闽江河口湿地申遗，推进木兰溪下游水生态修复与治理，让福建环境更清新、生态更优质。要锚定不同阶段服务经济社会发展目标，推动污染防治在重点区域、重要领域、关键指标上实现新突破，使生态环境质量持续保持全国前列。

必须坚持拓宽绿水青山转化金山银山路径，化生态优势为发展胜势。这是统筹绿色发展和生态安全的“关键一招”。要进一步完善生态保护补偿等制度，深化生态产品价值实现机制试点，推进生态产品价值核算实践，实现生态价值的良性转化，真正把绿色潜能转化为发展动能。要立足福建“满眼皆山水”的天然优势，做好山水田文章，推进生态产品供需精准对接，支持和鼓励各地打造特色鲜明的生态产品区域公用品牌，推动资源优势转化成产业优势、口碑优势转化成品牌优势、品质优势转化成价值优势，确保生态产品价值实现机制的常态化、规范化和科学化。要加快建设深化集体林权制度改革先行区，巩固提升集体林权制度改革经验，推进“林票”“森林生态银行”等改革，深化绿色金融创新，培育壮大绿色经济发展新动能，让八闽山海之美为福建高质量发展添彩赋能。

必须坚持良好生态环境是最普惠的民生福祉，让每个人都成为生态环境的保护者、建设者、受益者。这是统筹绿色发展和生态安全的宗旨要求。要树牢以人民为中心的发展思想，坚持生态惠民、生态利民、生态为民，把解决生态环境突出问题作为民生优先领域，使生态文明建设成果更多更公平惠及广大群众，不断满足人民群众日益增长的优美生态环境需要。要坚持精准治污、科学治污、依法治污，保持力度、延伸深度、拓宽广度，深入打好蓝天、碧水、碧海、净土保卫战，集中攻克老百姓身边的生态环境突出问题，着力建设天更蓝、山更绿、水更清、环境更优美的美丽家园，让良好生态环境成为人民幸福生活的增长点、经济社会发展的支撑点、展现福建良好形象的发力点，不断提升人民群众生态环境获得感、幸福感、安全感。

坚持统筹高质量发展和高水平安全 推动广东现代化建设事业行稳致远

广东省委常委、政法委书记　袁古洁

2014年，习近平总书记创造性提出总体国家安全观。10年来，习近平总书记围绕贯彻落实总体国家安全观、统筹发展和安全作出一系列重要论述，多次强调“安全和发展要同步推进”，“必须坚持高质量发展和高水平安全良性互动”，“把国家发展建立在更加安全、更为可靠的基础之上”，“以新安全格局保障新发展格局”，为我们更好统筹发展和安全、推进现代化建设事业提供了根本遵循和行动指南。广东省委国安委坚持以习近平新时代中国特色社会主义思想为指导，深入学习贯彻党的二十大精神和习近平总书记关于广东工作的系列重要讲话、重要指示精神，全面践行总体国家安全观，坚持发展和安全并重，围绕推进中国式现代化建设中心任务，深入实施“1310”具体部署，推动全省经济稳中向好，社会大局平安稳定，民生保障有序有效，促进高质量发展和高水平安全动态平衡、相得益彰。

一、深刻把握统筹发展和安全这一治国理政重大原则，坚决扛起习近平总书记赋予广东的使命任务

统筹发展和安全是党的百年奋斗重大成就和历史经验的深刻总结，是着眼于不稳定不确定发展环境中更好推进中华民族伟大复兴的重要战略部署。广东从坚定拥护“两个确立”、坚决做到“两个维护”的高度统一思想认识，一体谋划、整体部署、全面推进经济社会发展和国家安全工作。

（一）深入学习贯彻习近平总书记关于“两个大局”的重大战略判断，准确把握统筹发展和安全面临的大局大势。习近平总书记关于统筹中华民族伟大复兴战略全局和世界百年未有之大变局的重要论述，是对国情世情作出的全局性战略性判断，科学揭示了新时代中国与世界关系的深刻变化，是我们谋划工作的基本出发点。当前，世界大变局加速演进，世界之变、时代之变、历史之变正以前所未有的方式展开，但人类发展进步的大方向不会改变，世界历史曲折前进的大逻辑不会改变，国际社会命运与共的大趋势不会改变，风险挑战和发展机遇同步交织、相互激荡。广东地处“两个前沿”，面对国际变局呈现错综复杂的形势和国内变局呈现韧劲发展的态势，坚持胸怀大局、把握大势、着眼大事，客观分析面临的机遇和挑战，发挥国家战略叠加、规模经济、强大市场等优势和条件，弘扬敢闯敢试、敢为人先的改革精神，吹响“再造一个新广东”的冲锋号角，主动在新一轮科技革命和产业变革深入发展中抢占竞争制高点，在应对挑战、攻坚

克难中不断探索新路径、激发新动能，以广东高质量发展和高水平安全更好服务大局、应对变局、开创新局。

（二）深入学习贯彻习近平总书记关于广东工作的系列重要讲话、重要指示精神，全面提升统筹发展和安全的政治自觉。党的十八大以来，习近平总书记5次亲临广东，在重要节点关键时刻为我们定向导航，既亲自擘画广东高质量发展蓝图，又高度关注广东防风险、保安全、护稳定工作，反复告诫我们要守好国家安全“南大门”。广东在地理位置上是“交汇处”，在文化上是“交融处”，在意识形态领域是“交锋处”，易得风气之先，也易首当其冲，统筹好发展和安全两件大事意义重大、责任重大。广东通过召开省委常委会、省委书记专题会议、省委理论学习中心组学习会、省委国安委会议，深入学习领会习近平总书记重要讲话和重要指示精神的丰富内涵和实践要求，切实用以统一思想、统一意志、统一行动，将统筹发展和安全纳入经济社会发展总体要求和目标任务，不断加强战略性、系统性、前瞻性研究谋划。我们坚持底线思维，增强忧患意识，坚定扛起第一线的政治责任，按照习近平总书记所教的思想方法和工作方法，打赢一场又一场维护国家安全的硬仗，切实筑牢发展的安全根基。

（三）深入学习贯彻习近平总书记关于中国式现代化建设的重要论述精神，精准聚焦统筹发展和安全的目标任务。习近平总书记着眼党和国家事业大局，要求广东在全面深化改革、扩大高水平对外开放、提升科技自立自强能力、建设现代化产业体系、促进城乡区域协调发展等方面继续走在全国前列，在推进中国式现代化建设中走在前列。广东始终牢记习近平总书记的厚望重托，深刻把握中国式现代化这个最大的政治，围绕高质量发展首要任务和构建新发展格局战略任务，锚定“走在前列”目标任务，谋划实施省委“1310”具体部署，“百千万工程”、制造业当家、科技自立自强、绿美广东、海洋强省等重磅举措陆续出台、全面铺开。省委、省政府连续两年在农历新年的首个工作日召开全省高质量发展大会，聚焦高质量发展重点任务，不断夯实实体经济为本、制造业当家的根基，掀起齐心协力抓发展的热潮，推动经济社会发展不断取得新成效。2023 年，全省地区生产总值突破 13.57 万亿元，做到了以经济大省之“稳”促全国之“稳”，以“排头兵”之“进”助全国之“进”。

二、切实推动发展和安全互为支撑协同共进，实现广东高质量发展和高水平安全良性互动

高质量发展是全面建设社会主义现代化国家的首要任务，是新时代的硬道理。广东坚持完整、准确、全面贯彻新发展理念，服务和融入新发展格局，持续运用发展成果夯实维护国家安全的实力基础。

（一）围绕“一点两地”定位推进新阶段粤港澳大湾区建设，打造开放安全示范高地。建设粤港澳大湾区是习近平总书记亲自谋划、亲自部署、亲自推动的重大国家战略，2023 年 4 月，习近平总书记赋予粤港澳大湾区“新发展格局的战略支点、高质量发展的示范地、中国式现代化的引领地”新的战略定位和历史使命。广东把大湾区建设作为深化改革开放的大机遇、大文章抓紧抓实，有效激活高质量发展内生动力。**全力服务“一国两制”大局。**加强规则机制“软联通”，启动“数字湾区”建设，发布 110 项“湾区标准”，108 项高频政务

服务事项实现粤港跨境通办，“港车北上”、“澳车北上”、利率“互换通”等政策落地实施，极大便利三地居民在大湾区工作生活，有力支持港澳发展经济、改善民生，增强港澳同胞对祖国的向心力和“一国两制”的认同感。**扎实推进全面深化改革。**落实横琴、前海、南沙方案和河套合作区深圳园区发展规划，加快推动金融开放、企业和个人所得税优惠等政策落地，探索建立开放区域维护国家安全体制机制，目前，横琴、前海、南沙集聚港澳资企业超 1.85 万家，自贸试验区累计形成 696 项制度创新成果。深入推进创造型引领型改革，地方国企改革、省级政府质量工作获评国家 A 级，连续 4 年获评全国营商环境最佳口碑省份。**持续推动高水平安全开放。**坚持打好“五外联动”组合拳，成功举办广交会、大湾区全球招商大会和“粤贸全球”境外展，进出口总值突破 8.3 万亿元，在全国外贸大局中发挥“主力军”“压舱石”作用，国际友城和外国驻穗总领馆分别增至 208 对和 68 家。落实我国支持高质量共建“一带一路”八项行动，构建海外利益保护和风险防范体系，确保海外公民、项目、机构安全。

（二）加快建设更具国际竞争力的现代化产业体系，提升经济发展韧性和安全水平。坚持实体经济为本、制造业当家，大力推进制造强省、科技强省建设，加快构建以实体化为支撑的现代化产业体系，增强经济发展持续性稳定性自主性。**强化产业发展优势。**深入实施“五大提升行动”，投资超 4000 亿元进行工业技改，推动传统产业焕发新活力，提质壮大 8 个万亿元级产业集群，重视投资集成电路、新能源汽车、新型储能等新兴产业，重点开辟 6G、量子技术、生命科学、人工智能等未来产业，加快形成新质生产力，把“走在前列”的产业根基夯得更实、筑得更牢。**建设现代企业体系。**大力实施优质企业梯度培育“十百千万”计划，10家制造业企业进入世界500强，累计培育省级“链主”企业53家，国家级制造业“单项冠军”132家，国家级专精特新“小巨人”企业1528家、总量居全国第一，同时坚持以链促群，全面实施产业基础再造工程，扎实提升产业链供应链韧性和安全性。**推动科技自立自强。**加快构建全过程创新链，全面推进基础研究十年“卓粤”计划，深入实施“广东强芯”等工程，在新一代通信与网络、操作系统、工业软件等领域取得一批突破性成果，麒麟高端芯片实现自主规模应用，体外膜肺氧合系统等重大技术打破国外垄断，区域创新综合能力连续7年居全国第一，科技自立自强水平进一步提高。

（三）深入实施“百县千镇万村高质量发展工程”，推动区域协调发展夯实社会稳定基础。推进协调发展、推动共同富裕是国泰民安的重要保证。广东将“百千万工程”确定为头号工程，省委主要负责同志亲自挂帅、市县镇党委负责同志一线推动，全面建立起省市县三级指挥体系；启动实施新型对口帮扶协作机制，制定实施“1+N+X”政策体系，建立分类考核评价体系，遴选22个县（市、区）、110个镇、1062个村（社区）作为首批典型示范，掀起强县促镇带村火热实践。**发展壮大县域经济。**实施创先、进位、消薄行动，大力推动县域一二三产业融合发展，突出抓好食品加工、文化旅游等强县富民产业，布局建设15个承接产业有序转移主平台，96个省级产业园，21个国家级、287个省级现代农业产业园，吸引人才、技术、资金等要素集聚，加快形成县域产业集群。**着力加强乡镇建设。**做实乡镇联城带村节点功能，建强中心镇专业镇特色镇，112个镇入选全国千强镇，推进美丽圩镇建设，建成示范主街1172条、圩镇客厅854个，大力推进水利、电力、网络等基础设施建设，城乡基本公共服务均等化取得实质进展，城乡居民收入比缩小至 2.36∶1。**全面推进乡村振兴。**严格落实耕地保护和粮食安全党政同责，守好守牢粮食安全底线。大力促进乡村发展，积极探索新型农业集体经济实现形式，国家级农业龙头企业增至 87 家，中国美丽休闲乡村累计达 62 个。“百千万工程”开局起步目标任务顺利完成，县镇村高质量发展其势已成、其兴可期。

（四）扎实推进物质文明和精神文明协调发展，增强人民群众获得感幸福感安全感。以人民为中心，坚持物质文明和精神文明“两手抓、两手硬”，为群众创造物质更富足、精神更富有、环境更优美的高品质生活，在不断满足人民对美好生活的向往中促进社会大局安全稳定。**持之以恒改善民生。**将财政支出七成用于民生保障，深入实施“民生十大工程”和年度十件民生实事，一体推进生育支持政策体系、基本养老服务体系、高质量教育体系、高水平医疗卫生体系等建设，用心用情解决好托幼难、养老难、上学难、就医难等群众急难愁盼问题，全省养老、失业、工伤保险参保 1.6 亿人次。**筑牢意识形态安全基石。**加快推进文化强省建设，做大做强主流思想舆论，深入实施公民道德建设工程，推动向上向善、刚健朴实的文化润泽广东大地，守好意识形态安全主阵地。打造更高水平、更高质量的珠三角文明城市群，公共文化设施实现五级全覆盖，文化及相关产业增加值居全国首位。**打造绿美生态环境。**深入实施绿美广东生态建设“六大行动”，打通绿水青山就是金山银山的有效转化通道，加快推动生态产业化、产业生态化，不断提升全省“含绿量”“减碳量”“含金量”。积极稳妥推进“双碳”工作，推动碳排放交易、碳普惠制等试点示范走在全国前列。持续打好蓝天、碧水、净土保卫战，严格落实河长制、湖长制、林长制，不断改善生态环境质量，筑牢生态安全屏障。

三、全面推进高水平法治广东平安广东建设，更好维护政治安全社会安定人民安宁

坚持稳定是强盛的前提，深入贯彻总体国家安全观，把法治理念贯穿始终，突出“大平安”格局，全力防范化解重大风险，守牢守好安全发展底线，积极塑造有利于经济社会高质量发展的安全环境。

（一）扎实推进全面依法治省。深入学习贯彻习近平法治思想，出台法治建设“一规划两纲要”，纵深推进法治广东、法治政府、法治社会一体建设，为广东现代化建设提供坚实法治保障。**加强立法服务高质量发展。**出台《广东省制造业高质量发展促进条例》《广东省政务服务数字化条例》及涉横琴、前海等合作区有关条例，实施加强新时代广东高质量发展法治服务保障的25个重点项目，出台18条降低市场主体交易成本举措，健全大湾区法律部门联席会议机制，发布25个领域110项市场“湾区标准”，持续打造法律服务最优湾区。**推进法治政府法治社会建设。**严格落实重大行政决策程序，实施提升行政执法质量三年行动，推动乡镇街道综合行政执法改革，推进行政复议“六种能力”建设，10个地区（项目）获评全国法治政府建设示范地区和项目。深入推进法治建设“四级同创”，全省230个村（社区）被命名为“全国民主法治示范村（社区）”，揭牌全国首个“法律明白人”培训融合式基地。制定《广东省公共法律服务体系建设规划

（2023—2025年）》，广东法律服务网三大平台提供服务累计超4600万次。**创新推动涉外法治建设。**率先在省级层面召开涉外法治建设工作会议，鲜明提出“建设三个一流、打造一个平台”任务目标，加快建设一流的涉外法治人才队伍、国际一流的仲裁机构、一流的涉外法律服务机构。成功举办首届中国（喀什）—中亚南亚法治论坛，以法治助推“一带一路”“软联通”。

（二）全力维护社会安全稳定。完善平安广东建设工作机制，充分发挥平安建设考评“指挥棒”作用，压实各地各部门党政一把手维稳第一责任，建立上下联动、纵横贯通、顺畅高效的维护社会稳定“一盘棋”工作格局。**坚决维护政治安全。**始终将维护政治安全放在首要位置，深入开展维护政治安全专项行动，深化反渗透、反颠覆、反恐怖、反分裂、反邪教斗争，打好重大活动、敏感节点安保维稳攻坚战，全力确保政治领域绝对安全。**提升公共安全水平。**高效统筹“精准防控”和“稳定增长”，夺取疫情防控和经济社会发展“双胜利”。稳妥推动突出矛盾纠纷和重大涉稳案事件的化解处置工作，持续开展治安重点问题排查整治，黄赌毒、盗抢骗、食药环、电信诈骗等违法犯罪得到有效治理，推进安全生产专项整治三年行动，积极开展“城市体检”，确保城市运行安全。**防范化解重大风险。**推动涉众金融、环保“邻避”、劳工关系等风险隐患出清，稳妥化解头部房地产企业风险，稳慎推进中小金融机构风险化解和改革转型，健全经济安全风险监测预警体系、信息共享机制和应急处置制度，牢牢守住不发生系统性风险的底线。全省群众对平安建设满意度达98.44%，群众安全感达98.68%。

（三）创新提高社会治理能力。坚持和发展新时代“枫桥经验”“浦江经验”，健全城乡社区治理体系，提高社会治理能力。**创新社会治理体系**。立足预防、立足调解、立足法治、立足基层，创新部署推进“1+6+N”基层社会治理工作体系建设，把镇街作为“一站式”矛盾纠纷调处化解主战场，聚焦风险排查，就地化解矛盾，强化诉源治理，促进讲信修睦，全省1609个乡镇（街道）综治中心全面完成规范化建设，配备专兼职网格员19.6万名，实现网格化服务管理全覆盖。**打造矛盾纠纷化解新品牌**。全面加强社会治安防控体系建设，探索构建“粤平安指数”，打造平安广东建设“晴雨表”，推动深圳、珠海、梅州、东莞等市经验获评全国“枫桥式工作法”，涌现出潮州“茶文化六步调解法”、湛江“平安夜访”等一批具有岭南特色的矛盾纠纷化解品牌，不断提升矛盾纠纷预防化解法治化水平。**多措并举强化社会治理**。健全党组织领导的“三治”结合治理体系，持续推进市域社会治理现代化，不断加强“粤平安”社会治理云平台建设，广州等11个地市被确定为“全国市域社会治理现代化试点合格城市”。召开平安广东建设工作会议，为平安考评成绩优异的地市及县区颁授“平安鼎”，推动形成平安联创工作新格局。

四、持续推动国家安全体系和能力现代化建设，构建与打造新发展格局战略支点相适应的新安全格局

把推进国家安全体系和能力现代化作为一项系统工程来抓，持续完善党领导国家安全工作体制机制，强化工作统筹、力量统筹、资源

统筹，凝聚起维护国家安全和社会稳定的强大合力，以新安全格局保障新发展格局、护航高质量发展。

（一）加快推进国家安全体系建设。坚持系统观念，加强前瞻性思考、全局性谋划、整体性推进，形成体系性合力和战斗力。**加强党对国家安全工作的绝对领导。**各级党委（党组）严格执行《中国共产党领导国家安全工作条例》《中国共产党政法工作条例》《党委（党组）国家安全责任制规定》等党内法规制度，主要负责同志坚持重点工作定期研究、突出问题协调解决、突发事件靠前指挥，不折不扣把习近平总书记、党中央决策部署落到实处。**建立健全体制机制。**高规格推进重点领域国家安全工作协调机制规范建设、高效运转，动态开展风险监测预警，深化跨地区跨部门情报融合共享和风险防控协同，完善重要专项协调指挥体系，健全国家安全审查和监管制度，构建全域联动、立体高效的国家安全防护体系。**压紧压实责任链条。**建立健全党委（党组）国家安全责任制落实情况督查检查工作机制，针对发现的体制机制等共性问题，从制度和政策层面推动解决。

（二）着力强化国家安全能力保障。更加注重协同高效、政策保障、科技赋能，统筹推进各领域国家安全工作。**强化应急管理能力。**落实重大突发事件"四个一"应急处置机制和全国全省"一盘棋"应急响应机制，推动形成五级贯通应急指挥体系，打造广东"智慧应急大脑"，形成监测预警"一张图"、指挥协同"一体化"、应急联动"一键通"，不断提升灾害和事故防御水平。**强化政策和法制保障。**结合编制全省"十四五"规划，制定出台保障能源安全等关键领域安全可控相关政策，持续加强涉国家安全重点领域立法工作，出台《广东省平安建设条例》《广东省地方金融监管条例》等地方性法规，修订《广东省安全生产条例》，为规范金融发展、安全生产和维护相关领域安全提供法理依据，在法治轨道上推动发展和安全深度融合。**强化科技赋能赋智**。打破风险数据信息“孤岛”和“壁垒”，完善大数据、人工智能、云计算等技术综合应用，强化网络安全核心技术研发储备，深化“雪亮工程”建设，构建多维即时智能感知体系，加强地方金融风险监测平台建设，有序布局建设一批新的高等级生物安全实验室。

（三）不断夯实国家安全社会基础。加强国家安全宣传教育，充分发挥广大干部群众积极性、主动性、创造性，汇聚起维护国家安全的强大合力。**加强党员干部教育**。组织各地各部门学习《总体国家安全观学习纲要》，推动总体国家安全观作为党委（党组）理论学习中心组学习、干部培训、党员学习重要内容，发挥各级领导班子和领导干部“关键少数”带学促学作用，切实提升广大党员干部安全发展意识和维护国家安全能力水平。**开展全民安全教育**。因地制宜打造具有广东特色的国家安全教育基地，充分利用“4・15”全民国家安全教育日等节点，开启“国安号”主题航班、轮渡、高铁、地铁、公交专线，打造“国家安全大篷车”“国家安全海岛行”移动展览，线上线下联动开展宣传教育活动，打通国家安全宣传教育“最后一公里”，不断提升全民国家安全意识。**整合社会资源力量**。加强与高校智库合作，推动华南理工大学设立“非传统安全与应急管理研究基地”、广东财经大学成立国家安全与发展研究院，加强高校国家安全学科建设和人才培养。表彰奖励国家安全人民防线建设先进集体和先进个人，用榜样的力量作好示范引领，不断书写新时代“汇聚各方力量，维护国家安全”的广东故事。

十年韶华、十年求索。回顾这些年广东统筹发展和安全工作取得的成就，最根本的一条在于以习近平同志为核心的党中央坚强领导，在于习近平总书记的领航掌舵，在于习近平新时代中国特色社会主义思想的科学指引。我们深刻认识到，要统筹好发展和安全两件大事，必须牢固树立总体国家安全观，辩证把握发展和安全的关系，以高质量发展夯实高水平安全基底，以高水平安全支撑高质量发展需求；必须把安全发展贯穿经济社会发展各领域全过程，坚持用大概率思维应对小概率事件，积极防范化解重大风险；必须提高运用法治思维能力，充分发挥法治引领规范保障作用，以高质量立法保障高质量发展；必须强化党对国家安全工作的绝对领导，加快推进国家安全体系和能力现代化，积极构建与新发展格局相适应的新安全格局，不折不扣把统筹发展和安全的决策部署落到实处。潮起珠江再出发，奋楫扬帆正当时。我们将更加紧密地团结在以习近平同志为核心的党中央周围，自信自强、守正创新，埋头苦干、勇毅前行，切实统筹好高质量发展和高水平安全，奋力在推进中国式现代化建设中走在前列，为强国建设、民族复兴作出新的更大贡献！

统筹高质量发展和高水平安全 护航新时代治蜀兴川事业再上新台阶

四川省委常委、秘书长　陈　炜

当今世界变乱交织，百年未有之大变局加速演进，我国发展进入战略机遇和风险挑战并存、不确定难预料因素增多的时期，统筹好发展和安全，关系国家兴衰、历史走向，关系强国建设、民族复兴。四川作为国家发展的战略腹地，担负着维护国家安全的重要职责和重大使命，必须深入学习贯彻习近平总书记关于总体国家安全观特别是统筹发展和安全的重要论述，既抓好发展这个“第一要务”、又办好安全这个“头等大事”，切实筑牢新时代新征程四川现代化建设的安全之基，努力实现高质量发展和高水平安全良性互动，以“一域之稳”为“全局之安”作出应有贡献。

一、深入学习贯彻习近平总书记关于总体国家安全观的重要论述，不断增强统筹发展和安全的政治自觉行动自觉

党的十八大以来，习近平总书记创造性提出总体国家安全观，并

对统筹发展和安全作出系列重要部署，为新时代国家安全工作提供了根本遵循和行动指南。必须完整准确全面贯彻总体国家安全观，更好统筹发展和安全，努力以新安全格局保障新发展格局。

（一）践行总体国家安全观是坚定拥护“两个确立”、坚决做到“两个维护”的具体体现。坚持总体国家安全观是党中央关于国家安全战略思想的集中体现，是习近平新时代中国特色社会主义思想的重要组成部分，是新时代坚持和发展中国特色社会主义的基本方略。**总体国家安全观具有强大的思想伟力**，坚持马克思主义立场观点方法，运用总体战略思维和宽广世界眼光把握国家安全，在我们党的思想谱系上第一次提出统筹发展和安全两件大事，深刻揭示了中国特色国家安全的本质特征，深化了党对中国特色社会主义建设规律的认识，为发展马克思主义国家安全理论作出了原创性重大贡献，为推动我国实现由大向强的历史性飞跃提供了重要理论指引。**总体国家安全观彰显强大的实践伟力**，提出10年来，国家安全工作实现从分散到集中、迟缓到高效、被动到主动的历史性变革。从制度上强化了党对国家安全工作的绝对领导，建立了集中统一、高效权威的国家安全领导体制，国家安全法治体系不断完善，国家安全工作实现了对各领域、各方面全覆盖，维护和塑造国家安全能力持续增强，国家主权、安全、发展利益得到全面维护，社会大局保持长期稳定。总体国家安全观集中反映了习近平总书记深邃的政治智慧、非凡的斗争艺术、杰出的领导才能，是新时代国家安全的制胜之道。四川省委主要负责同志坚决扛起维护国家安全重大政治责任，在省第十二次党代会上鲜明提出“讲政治、抓发展、惠民生、保安全”的全省工作总思路，把“保安全”作为底线要求来谋划部署推进。全省上下进一步树牢安全发展理念，自觉运用总体国家安全观指导推动工作，将科学真理转化为新时代治蜀兴川的生动实践，以实际行动坚定拥护“两个确立”、坚决做到“两个维护”。

（二）统筹发展和安全是贯彻落实习近平总书记对四川工作系列重要指示精神的重要举措。习近平总书记多次对统筹发展和安全作出重要论述，在党的二十大报告中3次强调“统筹发展和安全”，提出“以新安全格局保障新发展格局”，不断丰富和发展总体国家安全观。习近平总书记多次莅临四川视察指导，多次对四川工作作出重要指示批示，2023年7月在四川视察时，强调“四川是我国发展的战略腹地”，要求四川“找准在全国大局中的战略定位”，明确赋予四川打造西部地区创新高地、打造保障国家重要初级产品供给战略基地、构筑向西开放战略高地和参与国际竞争新基地、筑牢维护国家生态安全的战略屏障的时代使命，特别强调粮食、能源资源、重要产业链供应链、生态等重点领域国家安全。习近平总书记来川视察作出的重要指示要求，把脉精准、针对性强，蕴含着统筹发展和安全的战略思想，具有深远的战略考量，与党的十八大以来习近平总书记对四川工作系列重要指示一脉相承、有机统一，是对四川发展最权威、最深刻、最有力的科学指导。四川省委主要负责同志带头深入贯彻落实习近平总书记系列重要指示精神，要求全省立足“战略腹地”定位和“两高地、两基地、一屏障”使命，坚持国家所需与四川所能相结合，找准服务国家全局的切入点和着力点，努力在提高科技创新能力、建设现代化产业体系、推进乡村振兴、加强生态环境保护治理等方面实现新突破。

（三）统筹发展和安全是推进强国建设、民族复兴的战略抉择。

强国建设和民族复兴进入不可逆转的历史进程，但前进道路上必然会遇到大量从未出现过的全新课题、遭遇各种艰难险阻、经受许多风高浪急甚至惊涛骇浪的重大考验。**从外部挑战看**，世界进入新的动荡变革期，个别国家将我视为主要竞争对手，采用渗透、制裁、断供、脱钩等手段，肆无忌惮地对我国进行打压围堵，在涉台、涉疆、涉藏、涉海等问题上百般挑事，给我国家安全带来严重挑战。统筹发展和安全是从容应对外部挑战、确保中华民族伟大复兴不被迟滞甚至中断的战略需要。**从内部风险看**，我国经济下行压力仍然较大，能源资源供需平衡趋紧，各类风险向政治安全领域传导更加突出，极端突发情况和安全案事件趋多，各种“黑天鹅”“灰犀牛”事件随时可能发生。四川是自然灾害频发之地，防火、防汛、防地震、防地质灾害任务繁重，统筹发展和安全是防范化解内部风险、实现人民对美好生活向往的迫切需要。**从有效促进内外循环看**，四川拥有一大批国防军工单位，是全国重要的战略资源供应保障基地，能够为极端情况下国家正常运转提供有力支撑。供给侧方面，四川工业门类齐全、产业体系完备，综合创新能力位居全国前列；需求侧方面，四川户籍人口达9100万，辐射西部4亿人口，随着共建“一带一路”深入推进，四川正从昔日的“大后方”逐步发展为向西开放的“桥头堡”，具有广阔国内国际市场空间，发展势能不断蓄积，统筹发展和安全是有效促进内外循环、以新安全格局保障新发展格局的现实需要。

（四）统筹发展和安全是实现高质量发展和高水平安全动态平衡、良性互动的科学方法。发展和安全是关系国家兴衰成败的两件大事。习近平总书记强调，“必须坚持高质量发展和高水平安全良性互动”，为更好统筹发展和安全提供了方法论指导。**发展是基础**，是党执政兴国的第一要务，国家只有拥有不断壮大的物质技术基础才能更加安全。如果发展停滞不前，就会削弱安全的根基，没有发展的安全就是无源之水、无本之木。只有不断解放和发展社会生产力，不断增强我国的经济实力、科技实力和综合国力，才能筑牢国家繁荣富强、人民安居乐业、社会和谐稳定的安全屏障。**安全是底线**，没有安全和稳定，发展就无从谈起，发展成果也会得而复失。从世界范围内看，许多国家由于政局不稳、社会动乱，不仅丧失了发展机遇和发展成果，也给本国人民带来了深重灾难。必须把防范风险、维护安全摆在更加突出的位置，持续有效防范化解房地产、地方债务、中小金融机构等重点领域突出风险。**统筹是关键**，发展和安全是一体之两翼、驱动之双轮，必须坚持发展和安全两个目标有机融合，把发展和安全一起谋划、一起部署，做到协调一致、齐头并进。既坚定不移推动高质量发展，用自身发展的确定性对冲外部环境的不确定性，又加快推进国家安全体系和能力现代化，持续推动国家安全战略、思路、体制、手段创新，坚定维护改革稳定发展大局，实现高质量发展和高水平安全良性互动。

二、以强烈的责任担当统筹发展和安全，推进四川国家安全体系和能力现代化

党的二十大对推进国家安全体系和能力现代化作出专章部署。四川坚决贯彻党中央决策部署，充分发挥主观能动性，积极主动干好

“地方可以干的事”，深入推进地方国家安全体系和能力现代化，更好统筹发展和安全，筑牢四川现代化建设的安全之基。

（一）坚持党对国家安全工作的绝对领导。坚决拥护以习近平同志为核心的党中央对国家安全工作的集中统一领导，第一时间传达学习中央国安委主席重要指示批示，及时向中央国安委主席汇报请示四川国家安全重点工作、重大问题、重要事项，始终沿着中央国安委主席指引的方向坚定前行。**严格履行党委（党组）国家安全责任制。**深入贯彻《中国共产党领导国家安全工作条例》，全面落实《党委（党组）国家安全责任制规定》，省委主要负责同志带头履行党委国家安全第一责任，主持召开省委常委会会议、省委国安委全体会议、省委工作会议等，分析研判国家安全形势，研究部署重点国家安全工作；多次对政治、粮食、科技、生态等重点领域国家安全工作作出指示批示，指导有关部门和市（州）抓好国家安全工作。省政府主要负责同志在省政府常务会议、专题会议、调研督导等场合，安排部署维护粮食安全、防范金融风险、加强公共安全等具体工作。其他省级负责同志认真履行分管领域国家安全责任，推动国家安全各项工作落细落实。各省直部门和市（州）相关负责同志强化政治担当，跟进落实国家安全工作责任。**完善地方国家安全力量布局。**纵向省市县三级全覆盖建立了党委国家安全机构，加强机构编制队伍规范化建设，做到有机构统筹、有领导负责、有人员落实；横向省委国安委成员单位均落实了专兼职人员从事国家安全工作，逐步构建起条块结合、纵横联动的“大安全”工作格局。**加强督查考核。**制定全省党委（党组）落实国家安全责任制督查考核《实施办法》和《实施细则》，将履行国家安全责任制情况作为巡视巡察、绩效考核、干部考察的重要内容，推动各级党委（党组）和领导干部认真履职尽责。

（二）把统筹发展和安全贯穿四川经济社会发展各方面全过程。坚持把国家安全工作放在新时代治蜀兴川事业全局中来研究和谋划，与经济社会发展同部署同推动，确保改革发展稳定各项工作推进到哪里，国家安全工作就跟进到哪里。**省委十二届二次全会**细化落实省第十二次党代会“讲政治、抓发展、惠民生、保安全”工作总思路，研究提出“四化同步、城乡融合、五区共兴”发展战略，明确以此统揽四川现代化建设全局，强调“要统筹抓好发展和安全两件大事，防范化解各领域重大风险，以新安全格局保障新发展格局”。**省委十二届三次、四次全会**持续深化这一发展战略，分别专题研究“深入推进新型工业化、加快建设现代化产业体系”和“以县域为重要切入点扎实推进城乡融合发展”，强调安全问题任何时候都不能掉以轻心，对“提高产业链供应链韧性和安全水平，打造产业备份基地”，“服务国家建设具有完整性、先进性、安全性的现代化产业体系”，以及“坚决守牢安全底线”“综合提升基层安全保障能力”等作出谋划部署。这些部署要求，贯彻中央精神，遵循“统筹发展和安全”指导思想，契合省情实际，推动了全省国家安全体系和能力现代化，为四川经济社会发展提供了高水平安全保障。

（三）健全地方党委国家安全工作制度机制。强化制度贯通，对涉国家安全的政策制度进行衔接融合、贯通实施，推动形成集成联动效应，不断提高国家安全工作的制度化、法治化、规范化水平。**强化国家安全工作协调机制。**因地制宜探索建立政治、经济、生态、资源安全等若干协调机制，制定《四川省重点领域国家安全工作协调机制工作规范》，从制度层面厘清机制职能、压实机制责任、保障机制落实，努力使每个机制都成为维护国家安全的坚强防线。**加快建设地方国家安全风险监测预警体系。**贯彻中央《加快建设国家安全风险监测预警体系的意见》，制定四川《实施意见》，推动省域内试点示范，以此作为推进全省国家安全体系和能力现代化的重要抓手，及时监测、预警、处置涉国家安全风险隐患。**健全国家安全地方性法规。**深入贯彻实施以《国家安全法》为统领的国家安全法律法规，结合四川实际推进地方重点立法项目，近年来制定或修订四川省《粮食安全保障条例》《安全生产条例》《环境保护条例》等10余部涉国家安全的地方性法规。加强立法贯彻实施情况督导，不断提高干部群众运用法治思维和法治方式防范化解风险隐患、依法维护国家安全的意识和水平。

（四）增强全省干部群众国家安全意识和素养。贯彻中央《关于全面加强国家安全教育的意见》，制定四川《实施方案》，健全宣传教育培训体系，为构建新安全格局凝聚共识和力量。**狠抓“关键少数”。**以县处级以上领导干部为重点开展国家安全教育培训，将国家安全教育作为各级党校、社会主义学院等主体培训班的重要内容，将总体国家安全观作为党政领导干部政治理论水平考试测试的重要内容，不断提高各级领导干部统筹发展和安全能力。**建好国家安全教育基地。**高标准建设省市（成都）共建国家安全教育示范基地，示范带动全省基地建设。因地制宜打造个性化、融合化、多样化的教育基地，比如，依托胡底革命烈士纪念广场打造了由国家安全部授予的“全国国家安全教育基地”；在维护国土安全历史名人李准故居打造了沉浸式教育基地；在领事服务中心培训基地建成海外利益安全教育基地等。**常态化推进国家安全教育。**围绕每年“4·15”全民国家安全教育日活动主题，精心培塑一批具有典型性、代表性的宣传教育活动，辐射带动全省各类宣传教育活动深入持久开展。依托重大历史事件、节庆日，以及粮食安全、全民国防安全等相关领域宣传日（周、月）等时间节点，建立贯穿全年的长效化国家安全教育模式。**突出抓好校园国家安全教育。**挖掘和利用《生命·生态·安全》四川地方课程等特色教育资源开展国家安全教育，连续 3 年组织全省中小学教师开展国家安全优质课程评选竞赛，确保国家安全进校园、进课堂取得实效。

三、始终胸怀“国之大者”，以高水平安全保障高质量发展

党的二十大强调，“确保粮食、能源资源、重要产业链供应链安全”，习近平总书记来川视察时也对维护相关领域安全作出重要指示、提出明确要求，为以高水平安全护航新时代治蜀兴川事业再上新台阶指明了着力重点和主攻方向。四川坚持把“国之大者”与“省之要事”结合起来，立足服务全国大局，主动担当作为，统筹做好重点领域国家安全工作。

（一）切实维护粮食安全，建设新时代更高水平的“天府粮仓”。粮食安全是新时代实现经济行稳致远、社会安定和谐的基础支撑，是经受风高浪急甚至惊涛骇浪重大考验的压舱石。制定《建设新时代更高水平“天府粮仓”行动方案》，着力构建以粮为主、粮经统筹、农牧并重、种养循环、绿色生态、高质高效的现代农业体系。**严守耕地**

保护红线。全面落实耕地保护和粮食安全党政同责，党委、政府主要负责同志带头推行“田长制”，整治农户承包耕地撂荒和非粮化问题，推进成都平原和全省耕地保护专项治理，大力建设高标准农田，2023年新建和改造提升高标准农田425万亩，全省耕地面积连续3年净增加，确保粮食播种面积稳定在9600万亩。**着力提高粮食作物育制种水平**。充分发挥四川作为全国三大育制种基地作用，构建育繁推一体化的现代种业体系，依托良种研发技术进步来提高产量，研发推广了一批适合四川气候和地貌特点的优质高效粮食种源。**抓好粮食等重要农产品安全稳定供给**。打造国家优质粮油和生猪等重要农产品保障基地，粮食总产量连续4年稳定在700亿斤以上，重要农产品稳产保供对保持经济社会大局稳定特别是稳物价、保民生发挥了重要作用。**树立大食物观**。高质量建设“天府森林粮库”，打造了一批省级“林粮”特色园区、产业基地，多途径开发食物资源、丰富食物供给。

（二）持续提升能源资源供应保障能力，打造保障国家重要初级产品供给战略基地。能源被喻为工业的“粮食”，能源安全是关系经济社会发展的全局性、战略性问题，建立清洁、经济、安全可靠的能源供应体系，推动能源低碳高效利用，对实现碳达峰碳中和、优化产业结构、推动能源结构转型具有重要意义。**确保能源供应总体安全稳定**。持续深化能源产供储销体系建设，西南地区首个千万吨级油气矿正式建成，加快打造国家天然气（页岩气）千亿立方米级产能基地。2023年，天然气（页岩气）产量达552亿立方米，全省发电量达4982.5亿千瓦时、增长3.3%，顺利完成迎峰度夏、迎峰度冬和成都大运会期间能源保供任务。“西电东送”年外送电量超1500亿千瓦时，全国每100度水电就有28度出自四川。**加快构建新型电力系统**。

利用水、风、光、气等资源优势，大力发展绿电产业，建设多能互补电源项目和互联互济电网工程，打造支撑更高用电需求、更强互济备份的电力供应体系。推进水电、风电、光伏发电基地建设，2023年全省清洁能源装机容量突破1.1亿千瓦时。**强化战略性矿产资源保障。**针对储量优势明显但利用率不高的锂、钒、钛、稀土等矿产资源，重点提升资源综合开发利用水平，制定出台促进钒、钛等产业高质量发展的实施意见，加快重点地区矿山整合发展，2023年锂电、稀土、钒钛等产业均保持两位数增长。**加强战略和应急物资储备安全管理。**建立战略物资目录，加快新型储能产业发展，建设以油、气、矿产等为主的全国性战略物资储备基地，在全省布局多个能源备份基地，确保能源资源安全稳定供应，从容应对各种风险挑战。

（三）坚定维护产业链供应链安全，加快建设服务国家全局体现四川特色的现代化产业体系。深入贯彻落实习近平总书记关于“依托制造业的独特优势，积极服务国家产业链供应链安全”，“打造西部地区创新高地”等重要指示精神，着力补链延链升链建链，提升维护产业安全的能力。**推动优势产业提质倍增。**完善产业发展支持政策，实施电子信息、装备制造、食品轻纺、能源化工、先进材料、医药健康六大优势产业提质倍增行动，着力推动人工智能、卫星网络、超高清显示等产业新赛道争先竞速。**培育壮大新质生产力。**组织开展重点领域关键核心技术攻关，“揭榜挂帅”推动突破轨道交通、集成电路、新型显示等领域“卡脖子”问题，布局省级制造业创新中心14个，启动中国地震科学实验场、国家大科学装置等一批战略科技力量建设项目，高质量建设首批天府实验室、布局组建第二批天府实验室，着力构建具有全国影响力、高水平参与国际竞争的科技创新中心架构体系和核心功能。**打造国家重要产业备份基地。**聚焦建设具有全球竞争力的先进制造业集群，推动成渝地区双城经济圈制造业协同发展，既瞄准航空航天、工业母机等国家战略需求，又着眼清洁能源、智能装备、现代农机等生产生活需求，积极争取大型领军企业在川布局和备份一批重要产业、重大设施。

（四）着力维护生态安全，筑牢长江黄河上游生态屏障。生态文明建设是关系中华民族永续发展的根本大计，是关系民生福祉的重大社会问题。四川地处长江黄河上游，是重要的水源补给区和涵养地，主动强化上游责任担当，推动生态环境质量持续改善。**守牢生态保护红线。**将川西高山高原和盆周山地的生态敏感区域、金沙江下游水土流失敏感区、川东南石漠化等生态保护极重要和生态极脆弱区域划入生态保护红线，面积约 14.8 万平方千米、占全省面积 30%。细化管控规则，严格监督管理，实现一条红线管控重要生态空间。**打好污染防治攻坚战。**以美丽四川建设为统领，坚持精准治污、科学治污、依法治污，协同推进降碳、减污、扩绿、增长，全面完成国家下达的约束性、刚性考核指标。2023 年全省空气质量指数排全国第 13 位、较上年提升 3 位；203 个国考断面水质优良率首次达到 100%，长江黄河干流水质连续 7 年稳定保持在Ⅱ类及以上。**加强生态环境保护。**围绕建设美丽中国先行区、维护国家生态安全先行区和绿色发展先行区“三个先行区”，统筹推进山水林田湖草沙一体化保护和修复，累计创建 49 个国家生态文明建设示范区和“两山”实践创新基地。加快建立以国家公园为主体、自然保护区为基础、自然公园为补充的自然保护地体系，高质量建设大熊猫国家公园，若尔盖国家公园创建任务基本完成。

统筹高质量发展和高水平安全、以新安全格局保障新发展格局，是一项系统工程和长期过程。四川在发挥好以上重点领域国家安全保障作用的同时，还统筹推进政治、社会、科技、文化、网络、数据、海外利益等领域国家安全工作，打好维护国家安全总体战，牢牢守住各领域国家安全防线。

四川在统筹发展和安全方面，作出了一些探索、取得了一些成绩，根本在于以习近平同志为核心的党中央的坚强领导，在于总体国家安全观的科学指引。回顾过去工作实践，有一些规律性认识和工作启示。**一是**必须把政治安全放在首位，增强政治敏锐性和政治鉴别力，把政治安全作为国家安全的生命线，坚决维护政权安全和制度安全，防止其他领域风险向政治安全领域传导。**二是**必须完整准确全面贯彻落实总体国家安全观，努力掌握贯穿其中的马克思主义立场观点方法，不断深化认识，全面理解把握，坚定用以统揽和指导四川国家安全工作。**三是**必须坚持统筹发展和安全，将安全发展作为贯穿新时代治蜀兴川各项工作的一条主线，推动实现高质量发展和高水平安全动态平衡、良性互动。**四是**必须坚持以人民为中心，时刻牢记党的性质宗旨和初心使命，始终做到人民至上、生命至上，在发展中保障和改善民生，维护人民安全，不断实现人民对美好生活的向往。**五是**必须坚持维护和塑造国家安全，既针对当前、更着眼未来，既注重维护国家安全、更需要主动塑造总体有利的国家安全战略态势，牢牢把握国家安全工作主动权。

迈步新时代、奋进新征程，四川将深入学习贯彻习近平新时代中国特色社会主义思想和习近平总书记关于四川工作的系列重要指示精神，树牢总体国家安全观，更好统筹发展和安全，深刻认识国家安全面临的复杂严峻形势，正确把握国家安全重大问题，加快推进四川国家安全体系和能力现代化，以高水平安全保障高质量发展，努力开创全省国家安全工作新局面，推动新时代治蜀兴川再上新台阶，奋力谱写中国式现代化四川新篇章。

责任编辑：马　一
装帧设计：石笑梦

图书在版编目（CIP）数据

统筹高质量发展和高水平安全读本 /《统筹高质量发展和高水平安全读本》编写组 著 . — 北京：人民出版社，2024.4（2024.10 重印）
ISBN 978 – 7 – 01 – 026508 – 7

I. ①统…　II. ①统…　III. ①现代化建设 – 研究 – 中国 ②国家安全 – 研究 – 中国　IV. ① D6

中国国家版本馆 CIP 数据核字（2024）第 077419 号

统筹高质量发展和高水平安全读本
TONGCHOU GAOZHILIANG FAZHAN HE GAOSHUIPING ANQUAN DUBEN

《统筹高质量发展和高水平安全读本》编写组　著

人民出版社 出版发行
（100706　北京市东城区隆福寺街 99 号）

北京中科印刷有限公司印刷　新华书店经销

2024 年 4 月第 1 版　2024 年 10 月北京第 8 次印刷
开本：710 毫米 ×1000 毫米 1/16　印张：13.75
字数：175 千字

ISBN 978 – 7 – 01 – 026508 – 7　定价：58.00 元

邮购地址 100706　北京市东城区隆福寺街 99 号
人民东方图书销售中心　电话（010）65250042　65289539